크리스천 씽킹 개정판

기 독 교 세 계 관 으 로 생 각 하 고 살 아 가 기

크리스천 씽킹

C h r i s t i a n   T h i n k i n g

유경상 지음

카리스

일러두기

• 이 책에 인용된 성경 구절은 『개역개정판 성경』을 사용했으며, 그 외에는 인용 역본을 표기했습니다.

• 이 책에서는 '기독교인'에 대한 표현으로 '크리스천'과 '그리스도인'을 혼용하여 사용했습니다.

• 기독교세계관 관련 기 출간도서에서 '창조, 타락, 구속'으로 표현해 오던 주요 개념을 이 책에서는 독자들에게 보다 쉽게 전달하기 위해 '하나님, 죄, 예수 그리스도'라는 용어로 대체했습니다.

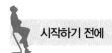
두 마을 이야기

윗마을과 아랫마을에는 산꼭대기로부터 흘러 내려오는 시냇물이 있었다. 하루는 윗마을 사람들이 모여 회의를 했다. "지금은 시냇물이 있어서 물 걱정이 없지만, 언제 물이 마를지 모르니 댐을 만들도록 합시다"라고 마을 대표가 제안했다. 윗마을 사람들은 좋은 생각이라며 입을 모아 찬성하고 댐을 만들기 시작했다. 그리고 댐이 완공되자 큰 잔치를 열었다. 그들은 물이 풍족해진 것을 감사하고 기뻐했다.

   그런데 댐이 완공된 후 아랫마을에는 물줄기가 점점 줄어들더니 결국 물이 흐르던 곳에 갈라진 바닥만 보이게 되었다. 급기야 먹을 물조차 부족하게 되었다. 그들은 윗마을 사람들을 원망하기 시작했다. "우리는 먹을 물도 없어 죽게 생겼는데, 자기들은 댐을 만들어 흥청망청 쓰다니!" 아랫마을 사람들 가운데 일부는 윗마을로 가서 댐을 무너뜨리자며 흥분하기도 했다. 시간이 지날수록 아랫마을 사람들은 물이 없어 점점 힘들어졌고, 주변에 사는 동물과 식물까지도 죽어가기 시작했다. 그럴수록 윗마을 사람들에 대한 미움은 커져갔다.

그런데 풍족할 것 같았던 윗마을에도 문제가 생겼다. 댐에 저장된 물은 흐르지 않게 되면서 점점 썩어가기 시작했다. 그 물을 마신 사람들과 가축들은 병들기 시작했고, 마을 곳곳에서는 악취가 풍겼다. 윗마을과 아랫마을 사람들은 모두 댐이 생기기 전에 두 마을로 흐르던 맑고 깨끗한 물을 그리워했다.

오늘날 대부분 그리스도인들은 신앙과 일상의 삶을 별개로 생각합니다. 교회에서나 그리스도인들과의 모임에서는 신앙과 관련된 이야기를 나누는 것이 자연스럽지만, 그 외의 장소에서는 자신의 신앙을 드러내는 것에 대해 스스로 어색해 합니다. 더러는 자신의 전문 영역에서 신앙과 연관지어 이야기하는 것을 부끄럽게 여기거나 세련되지 못하고 고리타분하다고 여기기도 합니다. 그래서인지 교수든, 세일즈맨이든, 변호사든 자신의 전문 영역의 지식과 활동을 신앙과 관련지어 생각하는 사람들은 많지 않습니다. 그 결과, 그리스도인이지만 정치 · 경제 · 사회 · 문화 · 예술 등 다양한 분야에 대한 관점은 비기독교인과 별 차이가 없는 경우가 많습니다.

만약 우리 삶에서도 이러한 모습이 쉽게 발견된다면 교회와 세상 사이에 선을 그었거나 아예 세상과 담을 쌓고 있는 것과 같습니다. 또한 자신들만을 위해 댐을 쌓는 윗마을 사람들과 다를 바 없습니다. 우리가 하나님의 은혜로 먼저 구원받고 회복의 삶을 살아가는 사람이라면 그 은혜가 우리를 통해 차고 흘러넘쳐서 아직 알지 못하는 사람들에게 흘러가도록 해야 합니다. 그렇지 않으면 윗마을과 아랫마을 사람들이 겪었던 위기가 우리에게도 일어나게 될 것입니다. 그렇다면 그것은 우리가 이웃을 사랑해야 할 책임을 다하지 못하는 것이며, 그리스도인인 우리 자신을 이기적인 사람으로 만들고 우리 안에 있는 진리를 왜곡하는 일입니다.

비호감 기독교

　최근 사람들이 비호감을 넘어 '왕비호'라는 신조어를 종종 사용합니다. 그렇다면 이 시대의 기독교는 사람들에게 호감일까요, 비호감일까요? 그것을 알아보는 쉬운 방법이 있습니다. 기독교를 다루는 인터넷 신문 기사의 댓글에서, 기독교를 소재로 다루는 방송 프로그램을 통해서, 더 확실하게는 안티 기독교 사이트에서, 그리고 믿지 않는 가족들과 이웃들에게서 기독교에 대한 생각을 듣는 것입니다. 그러한 목소리들을 정리해 보면 다음과 같습니다.

　"기독교인은 자기 이야기만 하고 자기 잇속만 챙기는 고집이 세고 이기적인 사람들이다."

　"기독교인은 자기들만 옳고 다른 사람들은 틀렸다고 생각하는 배타적인 사람들이다."

　"기독교인은 다른 사람들의 삶(예를 들어, 낙태나 동성애 등)에 반대하는 것으로 끝나지 않고 감정을 드러내어 그들의 인격과 마음을 상하게 하는 비관용적인 사람들이다."

　이러한 비판의 소리를 접할 때마다 마음이 무거워집니다. 어쩌면 참된 기독교를 알지 못하는 사람들이 가지는 기독교에 대한 편견에서 비롯된 것일 수도 있습니다. 하지만 그 비판이 단지 기독교 신앙 자체에 대한 것이 아니라 그 신앙을 믿고 있는 그리스도인들의 잘못된 모습에서 비롯된 것이라면 어떻게 해야 할까요? 이것이 사실이라면 그리스도인들은 하나님께서 맡기신 사명, 즉 생명의 물이 흘러서 메마른 대지를 적시듯이 죄 가운데 신음하고 있는 세상 속에서 빛과 소금이 되어 하나님의 사랑과 은혜가 흘러넘치게 하라는 명령에 불복종하고 있는 것입니다.

밤하늘을 수놓는 수많은 십자가들이 도시 한복판에서 반짝이고 있으며, 심지어 불빛 몇 개 보이지 않는 시골마을에서도 십자가는 선명한 빛을 발합니다. 하지만 그 십자가를 보며 자연스럽게 그리스도의 사랑을 연상하는 사람들이 얼마나 될까요? 기독교에 대한, 정확히 말하자면 기독교인에 대한 비호감이 지속된다면 십자가 불빛은 단지 밤하늘에 빛나는 네온사인에 지나지 않을 것입니다. 물이 고이면 썩습니다. 이처럼 우리를 통해 흘러넘쳐야 할 사랑과 은혜가 막혀 있거나 그것이 변질되고 부패하여 악취가 진동하는 곳이 많아지고 있습니다.

목회 세습, 학력 위조, 교회 파벌 등과 관련한 사건들이 자주 벌어지면서 상식이 아닌 것이 상식(?)이 되어가는 상황도 생겨나고 있습니다. 그들은 경건한 신앙인을 지향한다고 하지만 보여지는 모습은 세상의 가치관과 다를 바 없습니다. 또한 교회에서는 신앙인으로 살아가지만 세상 가운데서는 세상의 가치관과 삶의 방식대로 살아가는 것에 전혀 문제의식을 느끼지 못하는 두 마음을 가진 기독교인들도 너무나 많습니다. 이들은 죄 많은 세상에 물들지 않도록 기도하지만 이미 성공주의와 물질주의 같은 세속주의에 잠식당해 있는 그리스도인들입니다.

자신의 비리가 들통 났을 때 부끄러워하기보다 오히려 자신이 교회 집사, 장로라고 밝히며 성경을 담보로 자신의 결백을 끝까지 주장하는 그리스도인들의 모습을 볼 때면 얼굴이 화끈거립니다. 교회 공동체가 약한 자와 소외된 자들에게 관심과 사랑을 베풀고 그들의 편에 서야 함에도 불구하고 정치와 권력을 이용해 자신들의 잇속을 챙기는 사회적 이익 집단으로 낙인 찍힐 때가 많아 안타깝습니다. 기독교를 노골적으로 비판하거나 반기독교적 내용을 담은 방송물에 대해 감정만 앞세우고 시위와 항의를 통해 그것을 강제적으로 저지함으로써 다수의 힘을 과시하려는 듯한 모습을 보일 때도 있습니다.

이러한 현상들의 공통점은 한 가지입니다. 이러한 모습을 가진 그리스도 인으로서는 세상의 빛과 소금의 역할을 수행하지 못한다는 것입니다. "그리스도인들은 자신의 주장만 내세우고 다른 사람들을 전혀 배려하지 않는 고집이 세고 이기적인 사람들이다"라는 우려와 감정 섞인 비판의 소리를 진지하게 생각해 보고, 우리 자신의 모습을 돌아보는 것이 필요합니다.

이러한 소리들이 곳곳에서 들리는 가운데 한국 기독교가 마이너스 성장으로 돌아섰다는 소식은 이미 오래된 뉴스가 되었습니다. 특히 주일학교 학생들이 급격히 줄고 있다는 소식을 접하는데, 교회에서 점점 학생들의 빈자리가 늘어나는 것을 두 눈으로 직접 보면서 그것이 현실임을 실감합니다. 게다가 한국 교회의 위기를 우려하는 목소리가, 심지어 하나님의 뜻에 순종하지 않는 한국 교회에 대한 심판이 있을 것이라는 예언적인 이야기들도 우리의 마음을 무겁게 합니다.

진정한 변화

이러한 가운데 자성의 목소리가 높아지고 있습니다. 'Again 1907!'을 외치면서 1907년의 평양 대부흥과 같은 부흥이 지금 이 땅 가운데 이루어지길 간절히 바라며 하나님께 부르짖는 그리스도인들이 생겨나고 있습니다. 교계 지도자들을 중심으로 기독교가 받는 비판들을 겸허히 받아들이고 하나님 앞에 회개하자는 각성의 소리도 들립니다. 복음의 영향력이 개인과 교회를 넘어 이제 사회 전반에 미칠 수 있도록 확장해 가자는 움직임도 있습니다. 한마디로 "한국 교회는 지금 변화가 필요하다"는 외침입니다.

하지만 회개와 변화를 뜨겁게 외치는 집회를 연다고 해서 변화가 저절로 일어나는 것은 아닙니다. 또한 변화되지 않는 현실과 그 책임자들에 대한 신랄한 비판의 목소리를 높인다고 해서 변화가 일어날 가능성은 희박합니다. 오히려 그 비판이 대안 없는 비판으로만 머물게 되면서 사람들에게 상처와 좌절만을 남길 때가 많습니다. 진정한 변화는 다른 사람이나 제도가 아니라 바로 나 자신에서부터 시작되어야 합니다.

진정한 변화는 하나님 앞에서 자신의 잘못된 길을 돌이켜 하나님의 뜻대로 나아가고자 하는 결단뿐만 아니라 행함이 있을 때에만 가능합니다. 변화를 기대하면서 기존의 사고방식과 삶을 바꾸지 않는다면 그 변화는 결코 일어날 수 없습니다. 예수님께서 이 땅 가운데 전하신 첫 메시지가 "회개하라"(마가복음 1장)였다는 것은 의미심장하지 않을 수 없습니다. 회개란 곧 변화에 대한 호소입니다.

이 시대의 교회와 세상의 관계가 위에서 이야기한 윗마을과 아랫마을의 관계와 같다면, 예수님의 제자로서 우리는 이제 두 마을 사이를 가로막고 있는 댐을 허물어야 합니다. 그래서 다시금 생명의 물이 윗마을에 차고 흘러넘쳐 아랫마을까지 내려가 메말라 있는 온 땅을 촉촉이 적시고 생명을 풍성하게 소생시키도록 해야 할 것입니다. 그것이 우리도 살고 세상도 사는 대안이 될 수 있습니다. 아브라함 카이퍼가 "전 피조 세계의 어느 영역에 대해서도 예수 그리스도께서 '이는 내 것이다. 이것은 나에게 속한 것이다'라고 외치지 않는 곳은 없다"고 말한 것처럼 이 세상을 예수님께서 다스리는 생명력이 가득하도록 하는 것이야말로 그리스도의 제자로서의 사명일 것입니다.

이러한 변화를 위해서는 세상의 사고방식을 벗어버리고 하나님의 말씀으로 마음을 새롭게 함으로써(로마서 12:2) 지식까지 새롭게 되는 그리스도인들이 필요합니다. 이들은 주일 성수, 십일조, 금주, 금연 등 그리스도인으로서 갖추어야 할 신앙생활을 준수하는 것만으로 만족해하지 않습니다. 더 깊은 내면의 변화, 즉 생각의 변화까지 일어나도록 하기 위해 몸부림치는 그리스도인들입니다. 다시 말해 이들은 교회에서든 세상에서든 예수님처럼 생각하고 그것을 행동에 옮기는 것을 최우선으로 여겨 세상 곳곳에 하나님의 뜻이 이루어지는 것을 비전으로 삼은 '생각하는 그리스도인'들입니다.

생각하는 그리스도인

생각하는 그리스도인들은 다음과 같은 다섯 가지 특징을 가지고 있습니다.

생각하는 그리스도인은 먼저 날마다 자신의 생각과 삶을 점검합니다.

'사람은 생각대로 행동하며, 결국 그것이 습관과 라이프스타일이 되어 성품과 인생 전반에 영향을 끼친다'는 것을 아는 사람들입니다. 한마디로 생각의 힘을 실감하는 사람들입니다. 그래서 자신의 삶을 돌아보고 그러한 삶의 열매를 맺도록 하는 자신의 생각이 무엇인지 점검하려고 노력합니다. 그리고 그러한 생각과 삶을 지속했을 때 자신의 인생에서 어떠한 열매를 맺을지에 대해서도 자주 상상해 봅니다. 즉 생각하는 그리스도인은 매일매일 하나님의 말씀 가운데 자신의 생각과 삶을 점검함으로써 예수 그리스도를 닮아가기 위해 몸부림치는 사람들입니다.

둘째, 생각하는 그리스도인은 날마다 자신의 마음속에 하나님의 말씀을 심는 사람입니다.

우리의 마음속에 어떤 생각의 씨앗을 심든지 간에 그것은 우리 인생에 반드시 열매를 맺습니다. 그러나 많은 경우에 사람들은 자신이 원하는 결과만 바랄 뿐, 그 출발인 자신의 잘못된 생각을 바꾸려고 하지는 않습니다. 이것은 콩을 심어 놓고 팥을 기다리는 것과 같습니다. 그러나 콩 심은 데 콩이 나고 팥 심은 데 팥이 나는 것은 당연한 결과입니다. 우리의 인생 가운데 하나님이 원하시는 열매를 맺기 원한다면 우리의 마음에 하나님의 말씀을 심어야 합니다. 생각하는 그리스도인은 교회에서나 세상에서나 무슨 일을 할 때 먼저 그 마음에 심겨진 하나님의 말씀을 토대로 하나님의 뜻이 무엇인지 살펴보는 사람들입니다.

셋째, 생각하는 그리스도인은 하나님께서 주신 꿈을 꾸는 사람입니다.

생각하는 그리스도인은 하나님 나라라는 거대한 프로젝트를 위해 하나님이 자신을 사용하신다는 사실에 가슴이 벅차오르며 감사하는 사람입니다. 그들은 처마 밑으로 떨어지는 작은 물방울들에 의해 단단한 바위가 파이는 것처럼 자신의 작은 실천이 하나님 나라의 확장과 연결되어 있음을 알고 하루하루의 삶에 최선을 다합니다. 생각하는 그리스도인은 자신과 이웃의 삶 가운데 하나님과 이웃의 관계가 회복되어가기를 꿈꾸며 사는 사람들입니다.

넷째, 생각하는 그리스도인은 자신의 생각을 실천하는 사람입니다.

생각을 하면 저절로 행동이 뒤따른다고 생각하는 사람들이 있습니다. 하지만 현실은 그렇지 않습니다. 생각과 행동이 따로 놀 때가 많습니다. 야고보서를 빗대어 이야기하자면 행함이 없는 생각은 죽은 생각입니다(야고보서 2:17 참고). 아무리 하나님의 뜻에 합당한 생각을 가지고 있다 해도 그것을 실천하지 않으면 아무 소용이 없습니다. 성경은 열매를 보고 어떤 나무인지 아는 것처럼 사람도 그들의 삶을 보고 어떤 사람인지 알 수 있다고 말합니다(마태복음 7:16~20). 우리의 고백을 참되게 하는 것은 입술의 고백이 아니라 삶의 고백입니다. 동전의 양면처럼 생각하는 그리스도인은 곧 실천하는 그리스도인입니다.

다섯째, 생각하는 그리스도인은 기도하는 사람입니다.

생각하는 그리스도인은 자신의 생각과 삶의 변화를 일으키는 주체가 자신이 아닌 성령 하나님이심을 아는 사람입니다. 성령님은 우리와 함께하시며 도와주는 분이십니다(요한복음 14:15). 우리의 협력자이신 성령님은 우리로 하여금 구원의 진리와 하나님의 말씀을 깨닫도록 하시며, 우리의 생각과 행동을 변화시켜서 하나님의 뜻대로 살도록 인도하십니다. 따라서 생각하는 그리스도인은 자신의 생각과 삶을 변화시키기 위해 최선을 다하는 동시에 변화의 주체인 성령님을 의지하고 자신의 생각과 삶을 하나님께 내어드리는 사람입니다. 또한 생각의 변화를 위해 하나님께 지혜를 구하고 그것을 실천할 수 있는 힘을 달라고 간구하는 사람입니다.

이 책의 목적은 그리스도인들이 신앙생활뿐만 아니라 세상 속에서도 변함없이 생각하는 그리스도인으로 살도록 돕는 것입니다. 그것이 비호감 기독교라는 이미지에서 벗어나 세상의 빛과 소금이라는 본연의 모습을 회복하는 출발임을 확신하기 때문입니다.

주일 성수, 십일조 등과 같이 신앙생활과 관련된 주제들에 대하여 하나님의 뜻을 분별하는 것은 그나마 쉬운 일입니다. 왜냐하면 그러한 주제들에 대해서는 성경이 말하고 있으며, 이와 관련된 설교를 듣고 성경공부를 하는 경우도 많기 때문입니다. 그러나 실생활의 문제—예를 들어, 인터넷, 주식 투자, 축구, 먹거리, 다이어트 등 일상의 문제—에 대해서는 하나님의 뜻이 무엇인지를 이해하기란 쉽지 않습니다.

어떤 사람들은 이러한 주제에 대한 하나님의 뜻이 무엇인가에 대해 전혀 생각해 본 적이 없다고 말합니다. 또 어떤 사람들은 그 주제들에 대해 하나님의 뜻을 구하려고 하지만 어떻게 해야 할지 막연함을 느낀다고 합니다. 이 책을 통해 독자들은 신앙생활뿐만 아니라 일상의 삶 가운데서도 하나님의 뜻을 분별하기 위해 스스로 생각을 정리하고 실천할 수 있는 성경적인 원리와 구체적인 실천 가이드를 제공받을 수 있을 것입니다.

이 책은 위에서 이야기한 생각하는 그리스도인의 다섯 가지 특징을 토대로 구성되었습니다.

먼저 1장을 통해 그리스도인으로서 우리들이 처해진 현실을 살펴볼 것입니다. 오늘날 그리스도인의 삶을 무기력하게 만드는 두 가지 신앙 유형을 알아보고, 그러한 신앙 유형들이 가지고 있는 특징과 사고방식을 살펴볼 것입니다. 이를 통해 독자들은 자신의 생각과 삶을 점검해 보는 시간이 될 것입니다.

2장은 무기력한 그리스도인에서 벗어나기 위한 대안으로서 '크리스천 씽킹(기독교적으로 생각하기)'에 대해 제안하고 있습니다. 기독교적으로 생각한다는 것이 무엇이며, 그러한 그리스도인이 되었을 때 우리가 얻을 수 있는 유익들이 무엇인지 살펴볼 것입니다.

3장부터 5장까지는 우리의 생각을 변화시켜 하나님의 뜻대로 생각하고 살아가도록 하는 세 가지 성경적 원리에 대해 각각 살펴볼 것입니다. 그것은 바로 하나님, 죄, 예수 그리스도에 대한 성경적인 생각입니다. 이 생각들이 우리의 마음을 사로잡고 삶의 열매가 된다면 우리는 다시 세상의 빛과 소금이라는 본연의 모습을 회복하게 되리라고 확신합니다.

6장은 세 가지 생각이 보여주는 하나님 나라의 꿈에 대해 이야기할 것입니다. 이 세상을 향한 하나님의 꿈은 무엇인지, 생각하는 그리스도인의 삶이 어떻게 하나님 나라와 연결되는지 살펴볼 것입니다.

7장은 세 가지 생각들이 우리의 마음속에 새겨지도록 하는 방법과 그 생각들이 구체적인 삶의 현장 속에서 어떻게 실천될 수 있는지 보여주고 있습니다.

마지막으로 8장에서는 생각하는 그리스도인으로 살았던 믿음의 사람들을 소개하고 그것이 가지는 영적인 의미와 공동체적인 의미가 무엇인지 정리해 볼 것입니다.

부록에서는 이 책에서 제시한 하나님, 죄, 예수 그리스도라는 세 가지 성경적 원리를 토대로 만든 '기독교적 사고를 돕는 CTT 6단계'를 소개하고 있습니다. 이것을 통해 일상의 주제들을 어떻게 기독교적으로 바라보고 적용할 수 있는지 몇 가지 사례를 정리해 보고자 합니다. 또한 기독교적으로 생각하는 훈련을 위한 몇 가지 지침도 제시하고 있습니다.

기독교세계관

이 책은 필자가 수년 간 기독교세계관을 공부하고 교육 사역을 해오면서 정리된 자료들과 경험을 바탕으로 쓰여졌습니다. 세계관 교육을 해오면서 항상 두 가지에 대한 부담이 있었습니다. 하나는 청소년들을 포함한 일반 평신도들도 쉽게 읽을 수 있는 기독교세계관 책이 필요하다는 것입니다. 또 하나는 기독교세계관을 이해하는 것으로 끝나지 않고 실천하는 데까지 나아가도록 돕는 지침서가 필요하다는 것입니다.

이 책이 그러한 부담과 필요에 맞는 내용이 되도록 노력했습니다. 먼저 '세계관'이라는 용어를 가능하면 사용하지 않으려고 했습니다. 또한 기독교세계관의 요소인 창조, 타락, 구속의 단어를 각각 하나님, 죄, 예수 그리스도로 바꾸고, 각각에 대한 이론적 설명보다 그 단어들이 가지는 핵심 의미와 그에 대한 묵상과 적용을 중심으로 설명했습니다. 세계관, 창조, 타락, 구속은 다른 용어로 대체하기 힘든 기독교세계관의 핵심 의미를 포함하고 있는 용어들임이 분명하지만, 학자들을 제외한 많은 사람들에게는 여전히 낯설고 어렵게 느껴지는 용어이기 때문입니다.

또한 이 책은 기독교세계관의 핵심 내용을 쉽게 전달하는 것뿐만 아니라 그것을 실천할 수 있도록 돕기 위해 자기계발서의 아이디어를 빌려서 구성했습니다. 기독교세계관에 대해 체계적으로 설명한 탁월한 책들은 많지만 기독교세계관을 구체적인 삶의 현장에서 실천할 수 있도록 돕는 실천서는 거의 없는 실정입니다. 그리스도인답게 살라고 말은 하지만, 정작 어떻게 살 것인가에 대해서는 시원하게 말해 주지 못했습니다. 이 책이 '그러면 어떻게 살 것인가'에 대한 답을 찾던 그리스도인들에게 작은 도움이 되기를 기대합니다.

지금까지의 기독교세계관 운동을 피자에 비유해 본다면 피자 재료를 준비하고 피자를 맛있게 만드는 사람들은 많았습니다. 하지만 피자를 집집마다 신속하고 정확하게 배달하는 사람들은 부족했습니다. 기독교세계관 운동의 목표는 삶의 모든 영역에서 하나님의 말씀대로 생각하고 살아가는 그리스도의 제자를 양성하는 것입니다. 그렇다면 이제는 기독교세계관의 이론가뿐만 아니라 사람들이 기독교세계관을 이해하고 적용하도록 돕는 기독교세계관의 배달부들이 필요할 때입니다.

『완전한 진리』의 저자인 낸시 피어시의 말을 빌리자면, 그리스도인으로서 기독교적으로 생각하는 훈련을 하는 것은 더 이상 선택사항이 아닙니다. 그것은 생존에 필요한 필수장비가 되어 버렸습니다. 특히 자라나는 다음 세대에게 이것은 더욱 절실한 것입니다. 성경의 이야기가 우리의 생각과 삶에 영향을 끼치지 못한다면 다른 생각과 삶의 양식이 영향을 주기 때문입니다. 교회는 다니고 있지만 다른 이야기에 빠져 잘못된 인생으로 나아가는 청소년들을 볼 때 그 안타까움이란 이루 말할 수 없습니다.

아직도 하나님의 사랑과 은혜를 알지 못하는 우리의 이웃을 위해, 빛과 소금이라는 정체성을 망각하고 무기력에 빠져 있는 우리를 위해, 그리고 우리의 자녀들을 위해 교회와 세상 사이를 가로막고 있는 댐을 허물어야 할 때입니다. 그래서 물이 바다를 덮음 같이 하나님의 진리가 개인의 사적인 문제에서부터 인류가 직면한 문제들에 대해서도 유일한 대안임을 인정하고 고백하는 일들이 곳곳에서 일어나기를 소망합니다. 이를 위해서는 생각하는 그리스도인들이 너무나도 필요합니다. 여러분과 제가 바로 그러한 사람이 되기를 간절히 소망합니다.

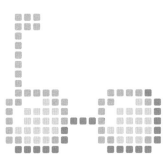

1장

무기력한
그리스도인

카멜레온 크리스천이나 사향소 크리스천으로 살아갈 때 그리스도인은 정체성을 잃어버릴 뿐만 아니라 기독교적 사고방식마저 상실하게 됩니다. 그로 인해 세상 속에서 그리스도인으로서의 발언권은 점점 약해집니다. 오히려 일상의 영역에서 관찰과 실험을 비롯한 경험적 증거만을 진리로 인정하는 과학주의적 입장이나 절대적 진리는 존재하지 않으며 다양한 의견들만이 존재할 뿐이라는 상대주의적 입장에 따라 살게 됩니다.

하동화 집사 이야기

하동화 집사는 요즘 들어 교회를 다니는 것에 대해 점점 재미를 잃어가고 있다. 언제부터인가 예배 중에 목사님의 설교가 귀에 들어오지 않는다. 예배 중에 온갖 잡생각을 하기도 하고 졸기도 하다가 목사님의 축도 소리에 깨어날 때가 많다. 그러나 모태신앙인 그는 지금까지 주일 낮예배를 거의 빠진 적이 없고 십일조, 감사헌금, 절기헌금 등 꼬박꼬박 잘 드리고 있다. 주중에는 바쁘게 살다가도 주일이 되면 교회에 가서 예배를 드리는 것이 당연한 삶이 되었다.

그러나 이러한 신앙생활은 믿음에서 우러나오는 자발적인 것이라기보다 자기 위안 때문임을 하 집사도 잘 알고 있다. 그는 이와 같이 최소한의 신앙적 의무(?)를 다할 때 하나님께서 자신을 혼내시지는 않을 것이며, 오히려 축복해 주시지 않을까라는 막연한 기대감을 가지고 있다. 또한 다른 성도들의 시선과 집사로서의 체면 때문에 신앙생활을 할 때가 많다.

하 집사의 직업은 컴퓨터게임 개발업체의 게임 프로그래머다. 최근의 불경기에도 불구하고 이 회사는 계속 성장하고 있으며, 그렇기 때문에 하 집사는 지난 몇 년 동안 밤낮을 가리지 않고 일을 해왔다. 주중에는 많은 시간을 직장에서 보내기 때문에 직장 동료들과 어울릴 때가 많다. 야근과 밤샘 작업이 잦은 직업이다 보니 스트레스가 많이 쌓였고, 그래서 틈만 나면 동료들과 술자리를 가질 때가 많고 최근에는 끊었던 담배도 다시 피우기 시작했다. 교회에서는 여전히 술과 담배 문제를 이야기하지만 직장생활을 하다 보면, 특히 직장 동료들과의 관계를 위해서 술과 담배는 피할 수 없는 것이라고 생각한다.

그가 제작에 참여했던 게임들은 요즘 아이들에게 인기를 끌고 있는 FPS(First Person Shooting) 게임들이다. 총과 칼 등의 무기를 사용해 건물 사이를 이동하면서 전투를 벌이는 게임이다. 그는 자기가 만든 게임이 중독성이 강하고, 전투를 소재로 하는 것이기 때문에 폭력성이 강하다는 것을 인정한다. 하지만 게임이라는 것은 즐기는 것일 뿐, 적당히만 하면 큰 문제가 되지 않는다고 생각한다. 그는 자신이 하고 있는 일이 자신의 신앙과 어떤 관계가 있는지 생각해 본 적이 거의 없다.

이렇듯 하 집사의 교회와 직장에서의 삶은 완전히 다르다. 그러나 그것에 대해 큰 문제의식을 느낀 적은 거의 없다. 오히려 세상 사람들과는 거의 만나지 않고 자기들끼리만 항상 모여 있는 그리스도인들을 볼 때, 그리고 사람들이 술 마시고 노래방 가는 것조차 정죄의 눈초리로 바라보는 그리스도인들을 볼 때 그들이 세상과 담을 쌓고 사는 것 같아 답답한 마음이 든다. 오히려 예수님을 믿지 않는 직장 동료들과 말이 더 잘 통하고 그들과 함께 있을 때 마음이 편해진다.

이분리 집사 이야기

이분리 집사의 다이어리에는 항상 교회 일정으로 가득차 있다. 주일은 교역자 못지않게 분주하다. 아침에 교사 기도 모임으로 시작해 주일학교 예배에서는 교사로 섬기고, 낮예배와 저녁예배를 드리고, 교사회의, 제직회 등과 같은 모임에도 참석하고 캄캄한 밤이 되어서야 집에 돌아온다.

주중에도 교회와 관련된 일로 인해 정신없이 살아간다. 새벽기도를 빠지지 않을 뿐 아니라 구역모임, 성경공부반, 수요예배, 리더 훈련 모임, 선교 기도 모임, 금요 철야예배로 주간 일정이 꽉 잡혀져 있어 하루도 교회에 가지 않는 날이 없다. 가끔은 목사님과 다른 성도들과 함께 심방을 가거나 노방전도를 나갈 때도 있다. 게다가 교회 경조사팀에서도 봉사하기 때문에 성도들 가정의 돌잔치, 결혼식, 장례식 등에도 참석한다.

일주일 내내 하루도 쉬는 날 없이 살다 보면 피곤하기도 하고 개인적인 시간을 거의 갖지 못한다. 그녀는 남편과 아이들에게 핀잔을 들을 때도 많다. 거의 교회에서 살다시피 하니 가사에 소홀해질 수밖에 없기 때문이다. 가족들에게 미안한 마음이 없는 것은 아니지만 마음만은 늘 뿌듯하다. 이 험난하고 죄로 가득한 세상 가운데서 날마다 영적인 삶을 살아갈 수 있기 때문이다.

이 집사가 아는 사람들 대부분은 그리스도인들이다. 가끔 교회를 나가지 않는 옆집 이웃과 아이들의 친구 엄마들과 만나 인사를 나눌 정도일 뿐, 마음을 터놓고 깊은 교제를 나누는 사람들은 대부분 교회 성도들이다. 잠깐 여유가 있어 TV를 볼 때면 채널은 항상 기독교 방송에 고정되어 있다. 차를 타고 이동할 때는 자연스럽게 CCM을 듣거나 설교를 듣는다. 아이들이 대중가요를 듣고 흥얼거리거나 시간 가는 줄 모르고 게임하는 것을 보면 안타깝다. 최근에는 아이들을 세상 문화의 영향에서 보호하기 위해 아예 TV를 없애고 인터넷을 끊는 것은 어떨지 고민 중이다.

그녀의 가장 큰 기도 제목은 남편인 하동화 집사에 대한 것이다. 점점 신앙이 식어져가고 세상 문화에 빠져드는 남편을 생각하면 한숨부터 나온다. 남편이 술과 담배를 하는 것을 다른 성도들이 알게 될까 걱정이다. 또 남편의 직업이 마음에 안 들어 몇 번을 옮기라고 이야기했지만 남편은 꿈쩍도 하지 않는다. 이 집사는 하 집사가 하나님께 돌아오기를 간절히 바라면서 날마다 눈물로 기도한다.

당신의 신앙 스타일은?

먼저 하동화 집사와 이분리 집사 이야기는 가상의 이야기임을 밝혀 둡니다. 하지만 이 시대를 살고 있는 그리스도인들의 삶 가운데 흔한 이야기들입니다. 정도의 차이는 있겠지만 우리의 신앙은 대개 위의 두 유형 중 하나에 가깝다고 할 수 있습니다. 실제로 많은 그리스도인들이 위의 두 가지 신앙 유형 가운데 한쪽에 가까운 모습을 보이는 경우가 많습니다.

여러분의 신앙은 어떻습니까? 다음 페이지에 있는 〈신앙 스타일 점검표〉를 통해 자신의 신앙 유형을 생각해 봅시다.

나의 신앙 스타일

※ 아래의 문항들을 읽고 자신의 상황에 맞게 표기해 봅시다.

(매우 그렇다 = 3, 대체로 그렇다 = 2, 거의 그렇지 않다 = 1, 전혀 그렇지 않다 = 0)

1. 교회에서의 나의 모습과 교회 밖에서의 나의 모습은 다르다.	3	2	1	0
2. 점점 악해져 가는 세상 문화에 유혹당할까봐 두려울 때가 많다.	3	2	1	0
3. 낙태와 동성애 같은 이슈는 윤리적인 문제라기보다 개인의 선택의 문제이다.	3	2	1	0
4. 음악은 주로 CCM을 듣고, TV는 기독교 방송을 자주 보고, 영화는 가능하면 신앙을 주제로 한 것만 보기를 원한다.	3	2	1	0
5. 영화나 게임 같은 것은 즐기는 것이지, 신앙과 연관한다는 것은 고리타분한 생각이다.	3	2	1	0
6. 주일뿐 아니라 주중에도 교회에서 보내는 시간이 많다.	3	2	1	0
7. 직장에서 하고 있는 일(혹은 공부)을 기독교적 관점으로 바라보고 실행해 본 적이 거의 없다.	3	2	1	0
8. 내가 알고 친하게 지내는 사람은 대부분 그리스도인이다.	3	2	1	0
9. 신앙은 개인적인 것일 뿐, 직장과 사회생활을 위해 필요한 전문지식과 최근 유행하는 이론들을 받아들이는 것은 자연스러운 일이다.	3	2	1	0
10. 나와 가족의 신앙을 보호하기 위해 지키고 있거나 앞으로 지켜야 된다고 생각하는 금기조항(TV 시청, 영화 관람, 대중음악, 노래방 등)을 많이 가지고 있다.	3	2	1	0

※ 홀수 문항과 짝수 문항을 나누어 합산해 봅니다.

1번:	3번:	5번:	7번:	9번:	A형 스타일:
2번:	4번:	6번:	8번:	10번:	B형 스타일 :

A형 스타일은 하동화 집사와 비슷한 신앙 유형이고, B형 스타일은 이분리 집사와 비슷한 신앙 유형입니다. A형의 합산 점수가 15점에 가까울수록 당신은 하 집사의 이야기에 공감되는 부분이 많을 것입니다. 반대로 B형의 합산 점수가 15점에 가까울수록 자신의 신앙 유형이 이 집사의 모습과 비슷함을 확인할 수 있을 것입니다.

카멜레온과 사향소

|

하 집사와 이 집사의 신앙 유형은 딕 카이즈의 『카멜레온 크리스천』에 나오는 카멜레온과 사향소 비유와 너무나 비슷합니다.

카멜레온은 자신을 보호하기 위해 환경에 따라 자신의 몸 색깔을 바꿉니다. 하동화 집사는 카멜레온처럼 세상 속에서 그리스도인의 정체성을 드러내지 않고 함께 동화되어 살아가는 그리스도인의 대표적인 예입니다.

세상 속에서 동화된 그리스도인을 비유한 카멜레온(왼쪽)과 세상과 분리되어 신앙의 세계에서만 살아가는 그리스도인을 비유한 사향소(오른쪽)

카멜레온 크리스천은 세상 속에서 자신이 그리스도인임을 잘 드러내지 않습니다. 자신이 그리스도인이라는 이유 때문에 생길 수 있는 비난과 논쟁으로 신경 쓰고 싶지 않아서입니다. 시간이 지날수록 카멜레온 크리스천은 세상 사람들의 사고방식과 삶의 모습에 점점 동화되어 가게 되고, 결국 그들의 신앙생활은 최소한의 의무만 남게 됩니다. 심지어 최소한의 의무마저 버리고 교회를 떠나게 되는 일들이 종종 생기기도 합니다.

한편 사향소는 약탈자의 공격을 받게 되면 어린 소들과 병든 소들을 한가운데 모으고 그 주위를 건장한 소들이 둥근 원을 만듭니다. 그리고는 약탈자들을 향해 뿔을 세워 저항하는 특징을 가지고 있습니다. 이분리 집사는 사향소처럼 세상의 공격으로부터 자신과 자녀들을 보호하기 위해 세상과 분리되어 신앙의 세계에서만 살아가는 그리스도인의 대표적인 예입니다.

그러나 사향소와 사향소 크리스천에게는 차이점도 있습니다. 사향소는 공격자가 사라지면 다시 흩어져서 살아갑니다. 하지만 사향소 크리스천은 다시 흩어지지 않고 모여진 상태를 계속 유지합니다. 자신과 그들의 자녀들이 세상과 타협하거나 오염될지도 모른다는 걱정과 두려움 때문에 다시 흩어질 수가 없습니다. 오히려 세상적인 오염을 차단하기 위한 자신들의 보호막을 유지하고 강화시킵니다. 이를 위해 '~을 하지 말라'는 셀 수 없이 많은 규율들을 만들어서 그것이 진리라도 되는 것처럼 지키도록 강조합니다.

일상의 영역과 종교의 영역

|

카멜레온 크리스천은 일상의 영역에 가치를 두는 반면에 사향소 크리스천은 종교의 영역에 더 가치를 두고 살아갑니다. 그들은 자신들이 가치를 두는 것에 더 많은 관심을 가지고 많은 시간을 보내려고 합니다. 그들이 각각의 영역에서 하는 구체적인 활동들의 예를 보면 다음과 같습니다.

일상의 영역(카멜레온 크리스천)	종교의 영역(사향소 크리스천)
영어 회화 연습	성경 읽기 및 기도
축구 경기 관람, 여행	주일 예배
재테크, 다이어트	교회 봉사
영화, TV, 신문, 인터넷 검색	구역 모임
집안 청소	전도
업무회의 등 일상 활동	가정예배 등 종교 활동

일상의 영역과 종교의 영역

두 유형의 크리스천 모두 종교적 삶과 일상적 삶을 오가며 살아갑니다. 그러나 카멜레온 크리스천은 일상의 영역에서, 그리고 사향소 크리스천은 종교의 영역에서 더 편안함과 생동감을 느낍니다. 그리고 각자에게 익숙한 영역에서 자신들의 생각과 삶의 방식을 만들어 갑니다. 그래서 두 유형의 크리스천 모두 교회(어쩌면 같은 교회)를 다니지만 서로 전혀 다른 신앙의 모습을 가지고 살아가는 것입니다.

그런데 그들에게도 공통점이 있는데, '신앙과 삶'을 별개 문제로 본다는 것입니다. 그래서 카멜레온이든 사향소든 그들의 신앙이 자신들의 일상생활에 전혀 영향을 끼치지 못합니다. 심지어 일상의 삶 속에서 그리스도인으로 산다는 것에 대해 전혀 생각해 본 적이 없거나 설사 그런 필요성을 느낀다 해도 어떻게 살아야 할지 막연해 합니다.

카멜레온 크리스천의 내면을 들여다 보면 세상에 대한 열등감이 있음을 알 수 있습니다. 그들의 신앙은 현실의 중요한 문제들을 해결하는 데 있어 위로와 격려가 될지는 몰라도 실질적인 해결책이 되지 못합니다. 그들의 눈빛은 목회자의 설교보다 전문가들의 상담과 컨설팅을 받을 때 더 반짝입니다. 그래서 교회의 가르침보다 세상에서 유행하는 이론이나 전문가들의 의견이 삶에 더 큰 영향을 줄 뿐 아니라 그들도 더 많은 관심을 가지고 있습니다.

반면에 사향소 크리스천은 세상에 대해 영적인 우월감을 가지고 있습니다. 그들은 세상의 여러 가지 문제들에 대한 해결책이 바로 복음이라고 확신합니다. 그래서 세상 사람들의 이야기에 별로 귀를 기울이지 않습니다. 반대로 세상 사람들 역시 그들의 말에 귀 기울이지 않습니다. 그러다 보니 사향소 크리스천들의 "회개하라, 예수 믿으면 구원받을 것이다"와 같은 외침은 세상 사람들에게 공허한 메아리나 소음처럼 들립니다. 회개와 구원과 같은 단어는 교회에서 통용되고 있는 단어라서 그리스도인이 아닌 사람들은 그 뜻이 무엇인지 정확하게 이해하지 못하기 때문입니다. 심지어는 그러한 그리스도인들이 개인적인 믿음을 다른 사람에게 강요한다고 생각하면서 불편한 감정을 표현하는 일도 많아지고 있습니다.

이처럼 카멜레온 크리스천과 사향소 크리스천 모두 세상 속에서 그리스도인의 정체성을 가지고 살아가지 못합니다. 그렇다면 세상의 빛과 소금으로 살아야 할 그리스도인들에게 왜 이러한 모습들이 생겨난 것일까요? 그것은 신앙과 삶을 단절하게 만드는 그들의 사고방식에서 비롯됩니다.

카멜레온 크리스천의 사고방식

카멜레온 크리스천의 삶은 세속주의의 영향을 받은 것입니다. 세속주의란 인간의 활동과 문화 또는 정치 등이 종교나 종교적 믿음과 분리되어야 한다는 생각입니다. 이러한 세속주의는 기독교를 포함한 신앙을 개인적인 신념의 문제로만 여기게 합니다. 그리고 종교 외에 정치·역사·경제·과학·문화 등과 같은 영역에서는 과학주의나 상대주의와 같은 세상에서 유행하고 있는 관점을 모두가 인정할 수밖에 없는 사실로 받아들이게 합니다. 그래서 세속주의의 영향을 받은 크리스천들에게는 종교 외의 영역에서 자신의 신앙을 드러내는 것은 너무나 어색한 일이 됩니다. 카멜레온 크리스천의 사고방식을 정리해 보면 다음과 같습니다.

신앙의 영역 : 개인적인 것	일상의 영역 : 공적인 것
신앙과 가치 같은 문제는 개인적인 선택의 문제이다.	신앙인으로서 예배와 기도와 같은 신앙생활을 한다.
일상의 영역에서 신앙적인 색채를 드러내는 것은 바람직하지 못하다.	일상의 영역에서는 전문 영역이나 사회에서 일반적으로 유행하는 견해를 따른다.

카멜레온 크리스천의 사고방식

카멜레온 크리스천은 두 개의 안경을 가지고 있는 것과 같습니다. 교회에서는 종교적 색채를 가진 안경을 쓰고, 세상에서는 세상적인 색채를 가진 안경으로 바꿔 씁니다. 그러한 행동이 처음에는 번거롭겠지만 오랜 기간 동안 습관화되어서 별로 힘들지 않게 됩니다. 그리고 이러한 자신의 모습을 의식하지 못한 채 종교의 영역과 일상의 영역에서 전혀 다른 두 모습으로 살아가게 됩니다.

성경을 개인의 신앙적 차원에서는 하나님의 말씀이라고 믿지만, 신앙 외 다른 영역에서도 변함없이 따라야 할 진리라고 인정하지 않는다면 이것은 세속주의의 영향이라 할 수 있습니다. 일상의 삶에서도 변함없이 자신의 신앙과 관련된 이야기를 하는 것에 대해 스스로 어색해하거나 편협한 사람으로 취급받을지 모른다는 두려운 마음을 가지고 있다면 이 역시 세속주의의 영향이라 할 수 있겠습니다.

세속주의의 영향은 곳곳에서 쉽게 찾아볼 수 있습니다. 신실한 그리스도인의 인품과 사랑을 보이기 위해 최선을 다하지만, 가르침에 있어서는 세속적 교육이론을 무비판적으로 받아들이는 교사들이 많습니다. 사업을 통한 이윤을 구제와 봉사를 위해 사용하고는 있지만 경영 활동에 있어서는 세속적 경영이론을 토대로 운영하는 그리스도인 사업가도 많습니다. 십대 자녀에게 영화, 음악, 게임이 가지는 생각의 영향력을 전혀 고려하지 않은 채 단지 여가활동으로 허용하는 그리스도인 부모들도 많습니다.

그들의 공통점은 신앙을 갖고 있지만 주변 문화로부터 받아들이게 되는 온갖 세속적 관점을 받아들이고 있다는 것입니다. 크리스천이 교육, 경영, 마케팅, 대중문화 등의 영역에 관심을 두면 안 된다는 말을 하는 것이 아닙니다. 세상의 빛과 소금의 역할을 감당해야 할 크리스천들이 오히려 세속주의 사고방식에 사로잡혀 무기력한 모습을 보여주는 현실을 지적하는 것입니다.

북한에서 만든 선전 포스터를 본 적이 있습니다. 거기에는 "공산주의답게 생각하고 살아가자!"라고 적혀 있었습니다. 포스터에서 전하는 메시지는 개인적인 삶에서만 공산주의답게 생각하고, 나머지 영역에서는 다르게 살아가도 된다는 의미가 아니었습니다. 언제든, 어디서든 철두철미하게 공산주의자답게 생각하고 살아가자는 강력한 촉구가 담겨 있었습니다.

진화론자들도 학문의 영역뿐만 아니라 다른 견해를 가진 사람들과의 대화 가운데서도 자신들의 진화론적 신념을 숨기지 않습니다. 그러나 이에 대해 편협한 주장이라고 평가하거나 광신자 취급을 하지 않습니다. 왜냐하면 이 시대는 진화론이 개인의 신념이 아니라 공적인 영역, 특히 과학으로 이해되기 때문입니다.

그런데 기독교는 사정이 전혀 다릅니다. 세상 사람들뿐만 아니라 카멜레온 크리스천 역시 기독교는 개인의 신앙일 뿐이라고 생각합니다. 그래서 카멜레온 크리스천들은 교회에서는 기독교를 진리로 믿고 믿음을 고백하지만 세상에서는 그 믿음의 고백이 지속되지 않습니다. 한마디로 카멜레온 크리스천은 세속주의의 영향력으로 인해 무기력한 그리스도인이 된 것입니다. 그리고 이것이 우리가 처해져 있는 안타까운 현실입니다.

사향소 크리스스천의 사고방식

|

카멜레온 크리스천이 세속주의의 영향을 받았다면 사향소 크리스천들은 영지주의적 사고의 영향을 받았다고 할 수 있습니다. 영지주의란 세상을 물질과 영혼으로 구분하고 물질의 영역을 영혼의 영역보다 덜 거룩하다거나 심지어 거룩하지 못한 것으로 여기는 사고방식입니다. 그래서 사향소 크리스천은 영혼은 종교의 영역에, 물질은 일상의 영역에 속한 것으로 이해합니다.

이러한 사고방식을 가졌던 중세시대 사람들은 일상의 삶을 떠나 기도와 묵상에 전념할 수 있는 수도원의 삶을 동경했습니다. 심지어 그 당시 성직자들은 결혼을 일상의 삶에 속한 것으로 보고 독신을 선택하기도 했습니다. 그러나 대부분의 크리스천들은 일상의 영역을 떠나 종교의 영역에서만 살아가기란 그리 쉬운 일이 아니었습니다. 그래서 사향소 크리스천들은 일상의 영역 속에서 살더라도 죄의 영향력을 차단하기 위해 각 시대마다 수많은 규칙들을 만들었습니다.

한때 그리스도인은 영화를 보면 안 되고, 춤을 추거나 대중음악을 들

종교의 영역 : 거룩한 것	일상의 영역 : 악한 것
종교는 영적인 영역에 속한다.	일상은 세상의 영역에 속한다.
종교의 영역은 하나님이 함께하시는 거룩한 영역이다.	일상의 영역은 하나님이 함께하실 수 없는 악한 영역이거나 영혼의 세계보다 덜 거룩한 영역이다.
영적인 삶을 위해 종교 영역의 활동에 최대한 많은 시간을 들이는 것이 좋다.	일상의 삶에 많은 시간을 보낼수록 영적인 삶과는 거리가 멀어진다.

사향소 크리스천의 사고방식

어서도 안 되며, 카드놀이를 즐겨서도 안 된다는 금지사항들이 있었던 적이 있습니다. 특히 한국 기독교 안에서는 술과 담배를 금지하는 규정이 거의 성경적 권위와 맞먹을 정도로 터부시되기도 합니다. 또 이러한 사고방식은 주일을 안식일로 여기면서 시간적으로 다른 날보다 거룩한 날로 생각하거나 교회가 공간적으로 다른 곳보다 더 거룩한 곳이라고 이해하기도 합니다.

축구, 잠자기, 요리하기, 음악 감상 등은 어떨까요? 그 자체를 악한 것이라고 보기는 힘듭니다. 그러나 사향소 크리스천들에게 있어서 이러한 일상의 활동은 분명히 종교 활동에 비해 덜 거룩한 것입니다. 이렇듯 일상을 악으로 보는 것보다는 정도가 약하지만 영적인 영역과 일상 영역의 구분은 변함없이 존재합니다. 그래서 이러한 사고방식을 가진 사향소 크리스천들은 종교적 영역에 더 가치를 두고 살게 되는 것입니다. 이런 점에서 사향소 크리스천 역시 카멜레온 크리스천과 마찬가지로 세상 속에서 크리스천의 정체성을 가지고 살아가기 힘듭니다.

그 결과, 사향소 크리스천의 삶은 하나님의 역사를 제한할 때가 많습니다. 시간과 장소에 대해 하나님의 뜻이 아니라 자신들의 관점대로 거룩한 것과 그렇지 못한 것으로 선을 그어 버리기 때문입니다. 그래서 사향소 크리스천의 사고방식과 삶은 영적인 영역에서 하나님을 온 세상의 창조주요 주인 되신 분이라고 찬양하지만 그것이 일상의 영역으로까지 확대되지는 못합니다.

선장은 노예를 실은 배가 항해하는 동안 안전한 귀향과 가족을 위해 하나님께 기도하곤 했다. 어느 날 밤 그가 "간음하지 말고 네 이웃의 아내를

탐내지 말라"는 성경 구절을 읽고 있을 때였다. 그때 부하 선원이 아리따운 여자 노예를 데리고 들어왔다. "선장님, 오늘 밤 이 여자를 데리고 주무시지요"라고 말했다. 그러자 선장은 화를 벌컥 내며 부하 선원과 그 여자를 내쫓았다. 그리곤 다시 성경을 펴고 하나님께 감사 기도를 드렸다. "하나님, 오늘도 간음하지 않게 도와주셔서 감사합니다."

한철호, "참을 수 없는 복음주의권의 가벼움," 「복음과 상황」(1997년 10월호)

위 이야기에서 선장은 경건한 그리스도인일까요? 언뜻 보기에 선장은 경건한 그리스도인인 것 같습니다. 그는 하나님의 말씀에 순종함으로써 성적인 유혹을 물리칩니다. 또 그렇게 할 수 있도록 도와주신 하나님께 감사 기도를 드리는 것도 잊지 않습니다. 게다가 자신의 항해 여정과 두고 온 가족들을 위해 기도합니다. 말씀과 기도 중심의 삶을 사는 모습만 보면 경건한 그리스도인임에 틀림없습니다.

하지만 선장의 신앙에는 결정적인 문제를 포함하고 있습니다. 그것은 그가 노예 매매선의 선장이라는 것입니다. 그는 지금 자기가 하고 있는 노예 매매가 개인의 불경건한 삶 못지않게 하나님 보시기에 죄라는 것을 전혀 인식하지 못하는 것 같습니다.

사향소 크리스천들 역시 이와 같은 실수를 할 때가 많습니다. 그들은 양쪽의 렌즈 색깔이 다른 안경을 쓰고 세상을 봅니다. 그들의 안경을 통해 세상을 보면 세상은 종교의 영역과 일상의 영역으로 구분됩니다. 이 안경은 사향소 크리스천들이 종교의 영역에서만 민감하게 반응하도록 하는 특별한 센서를 가지고 있습니다. 그 센서는 종교적 영역에서의 삶은 하나님이 관여하시기 때문에 그곳에서 하나님의 뜻을 알고 행하는 것은 중요한 일이라고 생각하도록 만듭니다. 그래서 그러한 종교적 활동에 더 많은 시간을 할애하는 것을 좋아합니다. 그들이 경건생활과 종교적 활동에 더 많은 시간을 보낼수록 세상은 그들을 독실한 그리스도인으로 평가하기도 합니다. 반대로 일상의 영역에서는 센서가 거의 작동하지 않습니다. 그래서 사향소 크리스천들은 일상의 영역에서 하나님을 거의 의식하지 않게 됩니다.

지금까지 카멜레온 크리스천과 사향소 크리스천의 사고방식과 삶의 특징들을 살펴보았습니다. 카멜레온 크리스천은 일상적 삶에, 사향소 크리스천은 종교적 삶에 더 큰 가치를 두고 산다는 점에서 다릅니다. 그럼에도 그들의 공통점은 신앙과 삶의 단절에 있습니다. 그 단절의 결과, 그들의 사고방식과 삶의 모습은 다르지만 그들 모두 세상 속에서 무기력한 그리스도인으로 살아가게 되는 것입니다. 그렇다면 세상과의 관계 속에서 이러한 무기력이 지속된다면 우리에게 어떤 일들이 일어나게 될까요?

정체성을 잃어버리다

너희는 세상의 소금이니 소금이 만일 그 맛을 잃으면 무엇으로 짜게 하리요 후에는 아무 쓸데없이 다만 밖에 버리워 사람에게 밟힐 뿐이니라 너희는 세상의 빛이라 산 위에 있는 동네가 숨기우지 못할 것이요 사람이 등불을 켜서 말 아래 두지 아니하고 등경 위에 두나니 이러므로 집안 모든

사람에게 비춰느니라 이같이 너희 빛을 사람 앞에 비춰게 하여 저희로 너

희 착한 행실을 보고 하늘에 계신 너희 아버지께 영광을 돌리게 하라

마태복음 5:13~16

하나님은 그리스도인들을 세상 속의 소금으로 부르셨습니다. 소금에 절여진 생선은 신선함을 유지할 뿐 아니라 맛도 뛰어납니다. 그리스도인들은 세상의 소금이 되어 이 세상의 부패를 막을 뿐만 아니라 살맛나는 세상이 되도록 할 사명을 가진 자들입니다.

하나님은 또한 그리스도인들을 세상 속의 빛으로 부르셨습니다. 그리스도인들은 칠흑같이 어두운 바다를 향해 빛을 비추고 배들이 항구로 무사히 돌아오도록 하는 등대와 같습니다. 성경은 그 빛의 재료가 바로 우리의 착한 행실이라고 말하고 있습니다. 그리스도인들은 세상 속에서 자신의 삶을 통해 보이지 않는 하나님을 소개하고 진리가 무엇인지 보여주는 사명을 가진 자들입니다.

그러나 카멜레온 크리스천이나 사향소 크리스천의 모습이 우리에게 있다면 세상 속의 빛과 소금이라는 부르심에 온전히 순종하지 못하는 것입니다. 카멜레온 크리스천은 맛을 잃은 소금입니다. 그들은 여전히 소금이지만 세상 속에 녹아 스며들지 않고 소금 결정체 그대로 있는 것과 같습니다. 그래서 부패를 방지하고 맛을 내는 소금의 기능을 발휘하지 못합니다. 오히려 생선 비린내만 배인 소금처럼 세상의 사고방식과 문화에 동화되어 버려서 그리스도인의 사명을 감당하지 못한 채 살아갑니다.

한편 사향소 크리스천은 가려진 빛입니다. 그들의 불빛은 등경 위에 있지 않아서 집안 곳곳을 비추지 못합니다. 그들은 자신들의 불빛이 세상의 풍파에 꺼질까 노심초사하면서 세상과 담을 쌓고 그들의 빛을 세상과 차단합니다. 결국 그 빛은 세상을 위한 빛이 아니라 그들만의 빛이 되고 맙니다. 가끔 그 빛을 세상을 향해 비추기도 하는데, 전도를 위해 세상 사람들에게 의도적으로 다가갈 때나 비윤리적인 세상 문화를 비판할 때입니다. 하지만 이것은 다른 사람들에 대한 배려가 없는 일방적인 선포이거나 감정을 드러내면서 꾸짖는 태도로 비춰질 때가 많습니다.

이처럼 카멜레온 크리스천과 사향소 크리스천으로 산다는 것은 세상 속의 빛과 소금으로 살아가야 할 그리스도인의 정체성을 잃어버린 것과 같습니다. 그래서 세상 속에서 기독교적 메시지가 주목을 받지 못하고 그 영향력이 점점 감소하는 것입니다.

생각을 잃어버리다
|

학계나 언론을 통해 어떤 이슈에 대한 진화론적 관점이나 페미니즘적 관점에 대한 주장을 듣는 것은 낯설지 않습니다. 그들은 자신들의 입장을 당당하게 이야기하고, 그에 따른 행동 지침을 제안하거나 필요한 경우에는 자신들의 권리를 요구하기도 합니다. 하지만 기독교인들이 공적인 자리에서 기독교적 입장을 가지고 이야기하는 것은 낯설고 어색한 풍경으로 여겨질 때가 많습니다. 즉 '이 이슈에 대한 기독교적인 관점은 무엇이며, 어떻게 하는 것이 그리스도인다운 반응인가?'에

대한 고민과 이야기들이 잘 들리지 않습니다.

카멜레온 크리스천이나 사향소 크리스천으로 살아갈 때 그리스도인들은 정체성을 잃어버릴 뿐만 아니라 기독교적 사고방식마저 상실하게 됩니다. 그로 인해 세상 속에서 그리스도인으로서의 발언권은 점점 약해집니다. 오히려 일상의 영역에서 관찰과 실험을 비롯한 경험적 증거만을 진리로 인정하는 과학주의적 입장이나 절대적 진리는 존재하지 않으며 다양한 의견들만 존재할 뿐이라는 상대주의적 입장에 따라 살게 됩니다. 결국 세상에서 그리스도인은 자신들의 생각과 주장을 펼치지 못하고 입지가 점점 좁아지게 되는 것입니다.

재미를 잃어버리다

카렌 블릭센(Karen Blixen)의 명작인 『바베트의 만찬』은 기독교가 잃어버린 것, 그래서 다시 되찾아야 할 것이 무엇인지 잘 보여주는 이야기입니다. 그것은 바로 '재미'입니다. 재미란 즐거운 놀이를 통해 얻는 그 이상의 의미를 포함하고 있습니다. 즉 우리의 삶이 하나님께서 주시는 평화, 기쁨, 자비, 사랑으로 충만하여 우리의 얼굴에는 미소가 떠나질 않고 사람들 사이에 활기가 넘치는 것을 의미합니다.

소설 『바베트의 만찬』 이야기는 한 경건주의 종파의 그리스도인들이 모여 사는 시골 마을을 배경으로 펼쳐집니다. 그 마을 사람들에게 있어서 이 땅에서의 삶은 단지 거쳐야 하는 과정일 뿐, 오직 새 예루살렘만 바라보며 세상을 등지고 살아갑니다. 그들은 신앙의 경건을 위해 날마다 형편없는 음식으로 배를 채우고, 아름다운 노래를 신종 쾌락으로 여기기까지 했습니다. 그러나 시간이 지날수록 천국과 같은 삶은커녕 신도들의 관계는 점점 나빠졌으며, 주일 예배에 나오는 사람들도 점점 줄어들고 그들의 삶에는 활기가 없어졌습니다. 한마디로 그들의 삶은 재미와 너무 거리가 멀었습니다.

이 마을에 바베트라는 프랑스 여인이 등장합니다. 그녀는 프랑스 내전으로 인해 남편과 자식을 잃고 피신하면서 이 마을로 오게 된 요리사였습니다. 어느 날 바베트는 프랑스 최고급 요리들을 만들어 마을 사람들을 초대했습니다. 마을 사람들은 생전 처음으로 진귀한 프랑스 요리들을 먹게 되었습니다. 그러자 그 만찬의 진귀한 음식과 화기애애한 분위기가 사람들의 굳어진 마음을 변화시키게 됩니다. 재미있었던 옛날 이야기들이 웃음소리와 함께 곳곳에서 들리기 시작했고, 상대에게 자신의 잘못을 사과하는 일들이 생겼고, 원수같이 지내던 사람들도 다시 대화하기 시작했습니다.

우리의 삶이 매일 바베트의 만찬과 같은 분위기 속에서 살아갈 수 있다면 얼마나 좋을까요? 그것이 바로 기독교가 공허하고 무료한 세상 가운데 해야 할 일이라고 생각합니다. 온 세상의 주인 되신 하나님은 말씀을 통해 기쁨과 변화를 주시지만 먹거리를 통해서도 기쁨과 변화를 주실 수 있습니다. 매일매일 하나님과 그분의 창조 세계를 알아간다는 것은 너무나 재미있고 기쁜 일입니다.

일상의 삶 속에서 우리의 신앙이 바로 그러한 역할을 한다면 우리 자신을 포함해서 많은 사람들이 기독교에 대한 흥미와 매력에 빠질 수 있을 것입니다. 사람들은 기쁨과 즐거움으로 충만한 삶, 재미거리로 가득한 삶, 그리고 그러한 삶을 누릴 때 행복은 커져 가고 하나님을 향한 우리의 신앙은 더욱 견실해지게 됩니다.

신앙과 삶을 분리하는 그리스도인은 결코 기독교 신앙이 가지고 있는 재미를 보여줄 수 없습니다. 카멜레온 크리스천처럼 최소한의 의무로서 신앙생활을 한다거나 누릴 것보다 지켜야 할 것이 너무나 많은 사향소 크리스천처럼 산다면 이러한 재미와 활력을 결코 누릴 수 없습니다. 사람들로 하여금 (때로는 우리 자신마저도) 기독교를 떠올릴 때마다 하품만 나오게 된다면 그것은 기독교적인 재미를 잃어버린 것입니다. 『탈무드』의 말처럼 "다가올 세상에서 우리는, 하나님이 이 땅에 두셨으나 우리가 미처 즐기지 못한 모든 좋은 것들에 대해 해명해야 할 것입니다."

우리의 자녀를 잃어버리다

카멜레온 크리스천과 사향소 크리스천이 많아질 때 가장 심각한 문제는 우리의 사랑하는 자녀들을 잃어버리게 될지도 모른다는 사실입니다.

우리는 이미 서구 교회들이 노령화되어갈 뿐 아니라 많은 교회들이 성도가 없어 문을 닫고 있으며, 그 교회들이 다른 종교의 성전이나 술집으로 사용되는 것을 보고 있습니다. 우리가 카멜레온이나 사향소 크리스천처럼 살아가는 한, 이것은 결코 서구 교회의 이야기가 아닙니다. 이미 한국 교회 내 중고등부 학생들이 급격히 줄어들고 있으며, 신실했던 아이들조차 대학을 가자마자 믿음을 저버리는 이야기들을 종종 들을 수 있습니다. 이에 대해 많은 청소년 사역자들과 교육자들이 큰 우려를 표하고 있습니다.

왜 이런 일이 일어나는 것일까요?

이것은 부모와 리더 세대가 신앙과 삶을 분리하는 사고방식과 삶을 살아왔기 때문입니다. 기독교는 단지 개인의 신앙일 뿐, 그것이 다른 삶—특히 자신들이 하고 있는 공부—과 밀접한 관련이 있다는 것을 배우지 못했습니다. 이 때문에 그들 역시 기독교적으로 생각하는 법을 알지 못하는 것입니다. 또 신앙을 지킨다는 명목으로 수많은 규칙들을 지키도록 강요받으며, 세상의 풍요로움을 누리는 것에 대해 꺼려하는 분위기 때문에 기독교적인 재미가 무엇인지 잘 알지 못합니다. 오히려 자신들의 스트레스를 풀 수 있고 놀이의 즐거움을 제공하는 미디어 문화가 훨씬 더 재미있는 것이 되었습니다.

이에 대해 대로우 밀러(Darrow Miller)는 이렇게 표현합니다.

성경 이야기가 우리 아이들의 모든 삶을 형성하지 못한다면 다른 이야기가 우리 아이들의 삶에 영향을 줄 것이다.

그래서 우리의 자녀들은 교회가 아닌 다른 곳에서 자신의 정체성을 찾고, 기독교와는 다른 생각을 자신의 사고방식으로 삼고, 다른 곳에서 기쁨과 즐거움을 누리고 있습니다. 교회는 다니되 하나님을 믿는 신앙이 절대적인 진리라고 확신하지 못하는 청소년들이 늘고 있습니다. 자신의 삶을 하나님의 말씀이라는 기준에 따르는 것이 아니라 상대주의적 가치관에 맡겨 자신의 욕망대로 사는 청소년들이 늘고 있습니다. 그러한 청소년들이 대학과 사회로 나아가면서 교회를 떠나는 일이 점점 늘어나고 있습니다.

이처럼 우리가 카멜레온 크리스천이나 사향소 크리스천으로 사는 것에 안주하면서 변화되지 않아서 생겨나는 문제들은 단지 우리에게만 해당되는 것이 아닙니다. 그것은 우리의 자녀들을 진리의 길로 인도하고, 하나님의 자녀요 하나님 나라의 일꾼으로 키워야 할 부모로서 또는 교사로서의 사명을 다하지 못하는 것입니다. 또한 세상 속의 빛과 소금이 되어 우리의 이웃들을 하나님께로 인도하는 역할을 다하지 못하는 것입니다.

우리가 카멜레온 크리스천이나 사향소 크리스천으로 살아온 결과, 하나님께서 주신 축복들을 잃어버린 것이 너무나 많음을 보게 됩니다. 이제 더 늦기 전에, 문제가 더 심각해지기 전에 우리에게 지금 필요한 것은 변화입니다. 하나님의 신실한 자녀로, 하나님 나라의 충성된 일꾼으로 살아가고자 한다면 구원받은 새로운 피조물답게 생각에까지 새롭게 변화되는 일이 필요합니다.

하나님의 말씀으로 우리의 생각이 변화될 때 빛과 소금이라는 우리의 정체성이 회복될 것입니다. 그리고 교회와 세상 속에서 변함없는 그리스도인의 정체성을 가지고 살아갈 때 기독교적 사고가 계발되고 삶의 모든 영역에서 말씀의 원리를 실천하는 삶을 살게 되는 것입니다.

그렇게 된다면 우리는 더 이상 무기력한 그리스도인이 아닌 교회에서뿐만 아니라 세상에서도 활력이 넘치는 그리스도인이 될 수 있습니다. 기독교는 다시 재미있고 활기차게 될 것이며, 떠나간 우리의 자녀들과 친구들과 이웃들이 돌아오게 될 것입니다. 카멜레온 크리스천 또는 사향소 크리스천의 사고방식과 삶의 모습을 벗어버리고 원래의 모습으로 돌아가기 위해 지금 우리에게 필요한 것은 생각의 변화입니다.

너희는 이 세대를 본받지 말고 오직 마음을 새롭게 함으로 변화를 받아 하나님의 선하시고 기뻐하시고 온전하신 뜻을 분별하도록 하라

로마서 12:2

2장

크리스천
씽킹이란

크리스천 씽킹이란 하나님의 말씀대로 생각하고 사는 것입니다. 다시 말해 그리스도의 제자로서 예수 그리스도처럼 생각하며 사는 삶입니다. 성경은 우리에게 옛날이야기로만 남아 있는 것이 아닙니다. 그것이 오늘날에도 변함없이 우리의 생각과 판단의 최종 기준이 되며, 따라서 그 말씀은 우리의 종교적 삶뿐만 아니라 일상의 삶 속에서도 영향을 끼치는 원동력입니다.

큰 그림이 작은 그림을 보게 한다
|
〈그림 B〉를 손으로 가리고 〈그림 A〉를 보십시오. 〈그림 A〉의 윗부분만 보고 전체 그림을 상상해 본다면 어떤 모습이 떠오릅니까?

〈그림 A〉   〈그림 B〉

　　모나리자? 유관순? 맹구? 우리가 전체 그림을 보지 못했지만 이와 같이 추측이 가능한 이유는 무엇일까요? 이미 우리의 머릿속에 전체 그림을 상상하도록 하는 큰 그림이 이미 있기 때문입니다. 모나리자라고 추측한 이유는 과거에 모나리자의 그림을 보았고, 〈그림 A〉의 윗부분을 보면서 모나리자가 연상되었기 때문입니다. 이처럼 우리의 수많은 경험에서 만들어진 생각들이 우리가 세상을 바라보는 데 영향을 줍니다. 만약 〈그림 B〉를 본 적이 없다면 〈그림 A〉를 보고 모나리자라고 상상하지 못할 것입니다.

한마디로 큰 그림이 작은 그림을 보게 합니다. 모더니즘, 포스트모더니즘, 뉴에이지와 같은 사상들과 샤머니즘, 불교, 유교, 기독교 등과 같은 종교들은 사람들이 가질 수 있는 큰 그림(생각)들입니다. 이러한 생각들의 영향력을 통해 사람들은 삶의 작은 부분들까지 해석하고 그대로 살아가게 됩니다. 생각이 행동과 인생에 영향을 끼치게 되는 것입니다. 그러므로 자신의 생각에 영향을 주는 큰 그림이 무엇인지에 대해 파악하는 것은 너무나도 중요한 일이 아닐 수 없습니다.

우리가 카멜레온과 사향소의 무기력한 신앙에서 벗어나기 위해서는 세속주의와 영지주의의 영향을 능가하는 큰 그림이 필요합니다. 그것은 다름 아닌 성경에 기초한 생각입니다. 그리고 단절된 신앙과 삶을 회복하는 것입니다.

크리스천 씽킹이란?

|

크리스천 씽킹이란 하나님의 말씀대로 생각하고 사는 것입니다. 다시 말해 그리스도의 제자로서 예수 그리스도처럼 생각하며 사는 삶입니다. 성경은 우리에게 옛날이야기로만 남아 있는 것이 아닙니다. 그것이 오늘날에도 변함없이 우리의 생각과 판단의 최종 기준이 되며, 따라서 그 말씀은 우리의 종교적 삶뿐만 아니라 일상의 삶 속에서도 영향을

끼치는 원동력입니다.

안식을 기억하여 거룩히 지키라(출애굽기 20:8), 네 부모를 공경하라(출애굽기 20:12), 살인, 간음, 도적질, 거짓 증거 하지 말라(출애굽기 20:13~16) 등은 성경에 분명히 나오는 명령들이기 때문에 그에 대한 성경적 관점을 아는 것은 비교적 쉽습니다. 그러나 인터넷, 주식투자, 축구, 인간복제, 컴퓨터게임 등과 같은 현대의 문제들은 어떻게 이해하고 대처해야 할까요? 그것에 대해 직접적으로 이야기하는 성경 구절들은 없습니다. 그렇다면 이 문제들에 대해 하나님의 뜻을 어떻게 분별할 수 있을까요?

이와 같이 우리가 삶의 모든 영역에서 하나님께 예배드리는 삶을 살기 위해서는 성경에 언급되지 않는 오늘날의 이슈와 문제들에 있어서도 하나님의 말씀대로 이해하고 실천하며 살아갈 필요가 있습니다. 크리스천 씽킹의 역할은 하나님의 말씀인 성경에서 그 원리를 찾아 오늘날의 문제에 대해서도 성경을 적용할 수 있도록 징검다리가 되어주는 것입니다.

크리스천 씽킹의 역할

크리스천 씽킹은 신앙과 삶을 연결시키며 우리가 세상 속의 그리스도인으로 살도록 이끌어주기 때문에 신앙과 삶을 분리해왔던 카멜레온과 사향소 신앙의 문제점들을 극복할 수 있는 대안이라고 할 수 있습니다. 이를 통해 "마음을 다하며 목숨을 다하며 힘을 다하며 뜻을 다하여"(누가복음 10:27) 하나님을 사랑하도록 하며, "모든 생각을 사로잡아 그리스도에게 복종하게"(고린도후서 10:5) 하는 그리스도의 제자로서의 사명을 감당할 수 있습니다. 따라서 크리스천 씽킹을 적용한다는 것은 단순히 지적인 훈련이 아니라 예수 그리스도의 제자로서 예수님처럼 생각하고 살아가도록 하는 제자훈련이자 경건훈련인 것입니다.

크리스천 씽킹의 세 원리
|

사람들의 생각은 아래의 세 가지 중요한 질문에 대해 어떻게 대답하느냐에 따라 달라집니다. 이 세 가지 질문들에 대해 어떤 대답을 가지고 있느냐가 바로 그 사람의 행동과 인생에 영향을 끼치게 됩니다.

  이 세상의 기원과 목적은 무엇인가? (목적)
  이 세상의 고통과 문제는 무엇 때문인가? (문제)
  그 문제는 어떻게 해결될 수 있는가? (대안)

이 질문들은 사람들의 생각에 영향을 주는 핵심 질문들입니다. 이것은 단지 철학자들만의 질문이 아닙니다. 인간이라면 누구나 이 질문들에 대해 의식하든 의식하지 않든지 나름대로의 대답을 가지고 있고, 그것을 생각과 판단의 기준으로 삼고 살아갑니다. 따라서 이러한 질문들에 대해 어떻게 대답하느냐는 어떤 생각을 가지고 살아가는지 알 수 있는 좋은 방법이 됩니다. 동일한 세 가지 질문들에 대해 기독교뿐만 아니라 모든 사상과 종교들의 대답들은 제각기 다릅니다. 예를 들어 자연주의적 생각을 가진 사람들은 이 질문들에 대해 자연주의적인 대답을 가지고 있습니다.

Q 이 세상은 어떻게 시작되었으며, 존재하는 목적은 무엇인가?
☞ 우연히 생겨난 자연현상의 결과물이다.

Q 이 세상의 문제와 고통의 원인은 무엇인가?
☞ 초자연적·비합리적·비과학적인 생각과 행동이 발전을 방해한다.

Q 그 문제와 고통을 해결할 수 있는 방안은 무엇인가?
☞ 과학기술의 발전을 통해 그 문제를 해결할 수 있을 것이다.

이처럼 자연주의적인 생각은 사람들의 삶에도 영향을 끼칩니다. 자연주의적 생각을 가진 사람들에게는 창조주 하나님을 인정하는 것이 매우 힘들 것입니다. 왜냐하면 자연주의는 이 세상의 기원을 우연의 결과물로 보면서 기원의 문제에 있어서 하나님을 배제하기 때문입니다. 또한 그들은 초자연적·비합리적·비과학적인 것이 영향을 주는 사회를 문제로 보기 때문에 (그들이 보기에) 그 영역에 속한 하나님을 믿는다는 것은 더더욱 힘든 일입니다.

한편 그리스도인들은 성경에 기초하여 위의 동일한 질문들에 다음과 같이 대답할 수 있을 것입니다.

> Q 이 세상은 어떻게 시작되었으며, 존재하는 목적은 무엇인가?
> ☞ 이 세상의 기원은 창조주 하나님에게서 시작된다.

> Q 이 세상의 문제와 고통의 원인은 무엇인가?
> ☞ 이 세상의 문제와 고통의 원인은 인간의 죄 때문이다.

> Q 그 문제와 고통을 해결할 수 있는 방안은 무엇인가?
> ☞ 이 세상의 문제와 고통의 해결자는 예수 그리스도이시다.

이 세 가지 생각은 성경에 기초한 것입니다. 이 세 가지의 성경적인 생각들이 큰 그림이 되어 우리의 생각을 사로잡고 행동과 인생에 영향을 주는 가장 강력한 요인이 될 때 우리는 참된 하나님의 자녀와 일꾼으로 살아갈 수 있게 됩니다. 반대로 이러한 생각들이 자신의 생각을 사로잡지 못하고 있거나 삶에 전혀 영향을 주지 못할 경우에는 온전한 신앙을 가지기 힘듭니다. 이러한 삶이 지속된다면 예수님을 변함없이 자신의 주인으로 고백할지는 모르지만 온 세상의 주인으로는 섬기지 못할 것입니다.

크리스천 씽킹으로 세상 보기

|

안경을 맞추기 위해 안경점에 가면 먼저 간단한 시력검사를 끝낸 후 여러 개의 렌즈를 동시에 끼울 수 있는 동그란 철 안경테를 쓰게 됩니다. 그리고 그 안경테에 렌즈를 하나씩 끼우면서 나에게 어떤 렌즈가 맞는지 테스트를 합니다. 이러한 과정이 몇 차례 반복되면서 내 눈에 가장 알맞은 렌즈가 선택되고, 그것을 가지고 내 눈에 딱 맞는 새로운 안경이 만들어집니다. 그 안경을 쓰게 되면 시력이 보완되어 세상을 더 선명하게 볼 수 있는 것입니다.

1장에서 우리의 신앙 유형을 살펴본 것이 안경을 맞추기 전 우리의 현재 시력을 검사한 것이라면 크리스천 씽킹은 그것을 개선하여 우리 눈을 보완하는 안경을 맞추는 것과 같습니다. 가장 알맞은 렌즈를 선택해 안경을 만드는 것처럼 하나님 말씀인 성경은 그리스도인이 세상을 바라보는 데 가장 알맞은 안경을 제공합니다. 그 안경은 세 가지 렌즈를 압축해서 만든 것이라고 할 수 있습니다. 세 가지는 '하나님, 죄, 예수 그리스도'라는 렌즈입니다. 각 렌즈의 역할을 간단하게 소개하면 다

이 세상의
어떻게 창조되었으며,
그 창조 목적이
무엇인가에 대한
대답을 제공

이 세상의
고통과 어두움은
왜 존재하는가에 대한
대답을 제공

이 세상의
고통과 어두움을
회복하기 위해서는
어떻게 해야 하는가에
대한 대답을 제공

하나님에 대한 생각   죄에 대한 생각   예수 그리스도에 대한 생각

음과 같습니다.

세상을 성경적인 관점으로 바라보기 위해서는 세 가지 렌즈 모두가 필요합니다. 만약 창조주 하나님의 렌즈로만 세상을 본다면 평화로운 에덴동산처럼 보일 것입니다. 그러나 이 세상은 에덴동산과 거리가 먼 죄가 가득 찬 타락한 세상이기도 합니다. 또 죄의 렌즈만으로 본다면 세상은 온통 죄로 가득한 곳으로 보이게 됩니다. 그래서 인간은 죄인이라는 정체성이 있을 뿐이며, 여전히 하나님의 형상을 가진 거룩한 존재라는 것을 볼 수 없습니다. 마지막으로 예수 그리스도의 렌즈로만 세상을 바라본다면 죄 가운데 있는 이 세상을 회복하는 데에만 집중하게 될 것입니다. 그러나 회복에 대한 열정이 지나쳐 그 회복의 시작과 끝이 우리의 노력이 아닌 오직 예수 그리스도를 통해서 가능하다는 것을 간과할 가능성이 큽니다.

따라서 세 가지 렌즈는 모두 너무나 중요한 것들입니다. 온전한 관점, 즉 균형 잡힌 크리스천 씽킹을 갖기 위해서는 세 가지 렌즈가 반드시 필요합니다. 더 정확하게 말하자면 크리스천 씽킹은 세 가지 렌즈를 압축시켜 만든 통합렌즈를 통해 세상을 보는 것이라고 할 수 있습니다. 이것은 하나님께서 목적을 가지고 이 세상을 창조하셨음을 인식하고, 수많은 고통과 문제의 원인이 죄에 있음을 알고 그에 대항해 싸우며, 그 고통의 치유자이자 문제 해결자는 예수 그리스도이심을 인정하고 그분의 제자로서 살아가는 것입니다.

크리스천 씽킹의 유익

|

크리스천 씽킹은 먼저 종교뿐만 아니라 일상의 문제들에 대해서도 기독교적으로 생각하고 행동할 수 있도록 안내해 주기 때문에 우리가 카멜레온과 사향소 신앙에서 벗어나도록 도와줍니다. 이를 통해 크리스천 씽킹은 우리의 삶 가운데 하나님의 뜻을 좇아 살아가는 영역들이 점점 확장되는 데 도움을 줄 것입니다.

둘째, 이 시대의 문화를 기독교적 관점으로 바라보고 분별할 수 있도록 도와줄 것입니다. 이를 통해 사회와 문화적 이슈에 대해 이야기하는 공적인 자리에서도 기독교적 입장을 제시할 수 있으며, 그리스도인으로서 세상 속에서 어떻게 빛과 소금의 역할을 다해야 하는지에 대한 구체적인 지침들을 마련할 수 있을 것입니다. 더 나아가 다른 생각의 영향을 받고 있는 사람들을 이해하고 그들과 소통할 수 있는 준비과정이 될 수 있습니다.

셋째, 우리의 인생을 무엇을 위해 어떻게 살아야 할지에 대한 방향을 제시 받을 수 있습니다. 크리스천 씽킹은 우리의 삶뿐만 아니라 자신의 소명을 발견하는 데에도 도움을 줍니다. 하나님께 기쁨과 영광을 드리기 위해, 이웃을 섬기기 위해, 청지기적 사명을 감당하기 위해, 그리고 예수 그리스도의 제자로서 회복 사역에 동참하기 위해 어떻게 살아야 할지를 고민하게 하고, 자기의 부르심을 발견하고 응답하는 삶을 살아가도록 가이드해 줄 것입니다.

이처럼 크리스천 씽킹의 세 원리인 하나님, 죄, 예수 그리스도에 대한 생각을 날마다 묵상하고, 그것을 큰 그림으로 삼아 자신에게 일어나는 수많은 일들을 성경적 관점으로 이해하고 실천하는 삶을 살아가십시오. 그렇다면 이 세상과 우리 각자에게 향하신 하나님의 뜻과 소망이 이루어져 가는 것을 경험하게 될 것이라 확신합니다. 이를 위해 우선 세 가지 원리의 성경적인 의미를 자세히 살펴보겠습니다.

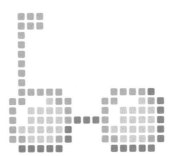

3장

보이지 않는
하나님 바라보기

크리스천 씽킹 1원리

성경이 이야기하는 인간은 먼저 하나님과의 관계 속에서 하나님께 영광을 올려드리는 존재라는 것입니다. 하나님은 우리 인간을 자연과 인간 사회를 보며 지금도 당신이 창조 세계를 위해 일하고 계심을 고백하고 인정하는 자로 부르셨습니다. 하나님은 사람들과의 관계 속에서 다른 사람을 섬기고 사랑을 베푸는 자로 인간을 창조하셨습니다. 하나님은 우리를 사용하셔서 다른 사람들에게 하나님의 사랑을 전하기 원하십니다.

See the unseen!

아람 왕은 도단에 말과 전차와 중무장한 군대를 보냈습니다. 아람 왕이 보낸 군대가 밤에 은밀히 가서 그 성을 에워쌌습니다. 하나님의 사람의 종이 일찍 일어나 나가 보니 말과 전차를 이끌고 온 큰 군대가 성을 에워싸고 있었습니다. 종이 물었습니다. "내 주여, 우리가 어떻게 해야 합니까?"

예언자가 대답했습니다. "두려워하지 마라. 우리와 함께하는 사람들이 저들과 함께하는 사람들보다 많다." 그리고 엘리사가 기도했습니다. "여호와여, 그의 눈을 열어 보게 하소서." 그러자 여호와께서 그 청년의 눈을 여셨습니다. 그가 보니 불 말과 불 마차가 산에 가득했는데 그 불 말과 불 마차들이 엘리사를 둘러싸고 있는 것이었습니다.

열왕기하 6:14~17, 우리말성경

하루는 개인적인 일로 걱정과 염려에 사로잡힌 채 무거운 마음으로 차를 운전하다가 횡단보도에 정차하고 있을 때였습니다. 곧바로 옆 차선에 시내버스가 멈춰 섰습니다. 시내버스 창문 아래에는 모 통신회사의 광고가 보였는데, 거기에는 'See the unseen(지금까지 보지 못했던 세상을 보는 것, 또는 누구도 못 보던 세상을 보는 것)'이라는 광고 문구가 보였습니다. 이 문구를 보는 순간 나에게는 광고 글귀가 아니라 하나님의 음성으로 다가왔습니다. 그 문구가 "암담하고 답답하게 보이는 현실 뒤에 보이지는 않지만 살아 계시고 역사하시는 하나님을 바라보라"는 하나님의 말씀처럼 느껴졌고 큰 힘과 위로를 받은 적이 있습니다.

SK브로드밴드의 기업 이미지 론칭 광고의 문구가 'See The Unseen'이었다.

그리스도인은 보이지 않는 하나님을 보는 사람들입니다. 보이는 현실 속에서도 보이지 않는 하나님을 인정하는 삶을 사는 사람들입니다. 그리스도인으로서 고난과 역경을 이겨낼 수 있는 힘이 바로 여기에서 생겨나는 것이라 할 수 있습니다.

위의 성경 이야기는 'See the unseen'의 성경적인 의미가 무엇인지 자세하게 보여주는 이야기입니다. 아람 왕이 이스라엘을 쳐들어왔습니다. 그러나 아람 왕은 이스라엘을 제대로 공격하지 못했습니다. 이것이 엘리사 선지자의 능력 때문임을 알게 된 아람 왕은 말과 전차로 무장한 군대를 보냈습니다. 그리고 엘리사를 죽이기 위해 그가 기거하는 곳을 둘러쌌습니다. 아침 일찍 일어나 이 광경을 보게 된 엘리사의 종은 소스라치게 놀랐고 두려움에 사로잡혔습니다. 그러나 엘리사는 그러한 상황에서도 전혀 두려워하지 않았습니다. 아람 왕의 군대를 둘러싼 하나님의 군대인 불 말과 불 마차들을 보았기 때문입니다. 하지만 하나님의 군대는 엘리사에게만 보일 뿐, 아람 군대나 엘리사의 종에게는 보이지 않았습니다. 엘리사는 두려움에 떨고 있는 자신의 종이 자신처럼 하나님의 군대를 볼 수 있도록 기도했고, 그로 인해 엘리사의 종 역시 하나님의 군대를 볼 수 있었습니다.

엘리사와 그 종에게 하셨던 것처럼 하나님은 우리가 염려와 걱정에 사로잡혀서 두려움에 떨고 있을 때 그분을 의지하는 순간 우리에게도 보이지 않는 것을 보는 눈을 열어주십니다. 그것은 우리의 육안으로는 보이지 않지만 분명히 존재하시는 하나님을 바라보는 것입니다. 우리를 둘러싼 수많은 걱정과 근심과 두려움이라는 현실만 바라보는 눈이 아니라 그 문제들로부터 우리를 보호하시고 지켜주시고 최선의 길로 인도해 주시는 하나님의 손길을 바라보는 것입니다. 그렇게 될 때 엘리사가 그랬던 것처럼 현실의 어떠한 어려움 속에서도 우리 역시 두려움에 떨지 않고 담대하게 나아갈 수 있습니다. 무엇이 참된 것인가를 분별하고 그 뜻대로 살아갈 수 있습니다. 보이지 않는 하나님을 바라봄으로써 세상 속에서 하나님의 뜻대로 살도록 하는 것, 이것이 바로 크리스천 씽킹의 첫 번째 원리입니다.

하나님은 어떤 분이신가?

|

GODISNOWHERE

아무리 찾아봐도 위의 단어는 영어사전에 나오지 않습니다. 그러나 위 단어를 네 부분으로 나누어 보면 의미가 보입니다. 어떤 사람은 "GOD IS NO WHERE(하나님은 아무 데도 없다)"가 보인다고 합니다. 어떤 사람은 "GOD IS NOW HERE(하나님은 바로 지금 여기에 계신다)"가 보인다고 합니다. 이처럼 동일한 것을 보지만 사람마다 보는 것에 차이가 있습니다. 동일한 세상을 살아가고 있지만 세상을 보는 관점에도 차이가 있습니다. 어떤 사람은 세상을 보며 하나님은 존재하지 않는다고 이야기합니다. 그러나 그리스도인은 세상을 보며 하나님을 인정하고 하나님이 함께하심을 믿는 사람들입니다.

세상 속에서 하나님을 인정하는 생각과 인정하지 않는 것은 단순한 생각의 차이로 끝나지 않습니다. 그 차이는 우리 인생에서 완전히 다른 삶의 모습을 낳게 합니다. 더 나아가 그 차이는 우리의 영원한 삶이 어떠한 방향으로 나아갈 것인가를 결정하게 됩니다. 따라서 하나님에 대한 생각은 우리의 생각과 인생을 좌우하는 기초석과 같은 것이라고 할 수 있습니다.

"하나님은 어떤 분이신가?"에 대한 대답은 성경의 시작인 창세기 1장 1절 "태초에 하나님이 천지를 창조하시니라"에서 찾을 수 있습니다. 창세기 1장은 하나님께서 말씀으로 모든 만물을 만드셨음을 우리에게 설명하고 있습니다. 하나님은 온 세상을 만드신 창조주십니다. 성경뿐만 아니라 창조 세계를 통해서도 창조주 하나님을 인정할 수 있습니다.

성경은 그에 대해 "세상이 창조된 이래로 하나님의 보이지 않는 성품인 그분의 영원한 능력과 신성은 그가 만드신 만물을 보고서 분명히 알 수 있게 되었습니다. 그러므로 사람들은 (하나님이 없다고) 핑계를 댈 수 없습니다"(로마서 1:20, 쉬운성경)라고 설명합니다.

창조주 하나님에 대한 생각을 가진 사람은 성경뿐만 아니라 창조 세계를 통해서도 하나님을 인정하는 삶을 살 수밖에 없습니다. 해변을 걷다가 여러 개의 뾰족한 탑들과 창문까지 그려져 있는 모래성을 보고서 바람과 파도로 인해 우연히 만들어진 작품이라고 생각하지 않습니다. 오히려 그것을 보는 순간 어떤 사람의 상상력과 창의력이 발휘된 작품임을 알게 될 것입니다. 미국의 사우스다코타 주 산악지대에는 암벽에 네 명의 유명한 대통령의 얼굴이 새겨져 있습니다. 이것을 보고 어느 누구도 비바람에 의한 오랜 침식작용의 결과라고 생각하지 않습니다. 그것은 미리 대통령들의 얼굴을 구상하고 조각한 어떤 예술가의 작품임을 아무도 부인할 수 없습니다. 이와 같이 창조 세계를 볼 때에도 건

모래성이나 사우스다코타 주의 암벽 조각이 우연히 만들어진 작품이 아니듯 창조 세계를 볼 때도 건축가 하나님의 설계 흔적을 볼 수 있다.

축가 하나님의 설계 흔적을 볼 수 있으며, 그래서 창조주 하나님을 인정하지 않을 수 없습니다.

창조주 하나님을 인정하는 욥기서의 저자는 천둥이 치는 것을 보고 번개가 하나님께 "우리가 여기 있나이다"(욥기 38:35)라고 고백하는 것이라고 이해했습니다. 맑고 푸른 바다에 산호초가 떠 있는 사진을 보면서 대부분 피서 여행을 떠올리지만, 달라스 윌라드는 "하나님은 5대양이라는 거대한 수족관을 가지고 계시며, 그 안에서 놀고 있는 수천 마리의 흑동고래, 돌고래, 상어들을 포함해 수많은 종류들의 물고기들을 감상하며 즐기고 계신다"고 고백합니다. 우리는 수족관에 열대어 몇 마리를 놓고 즐기지만 하나님은 우리와 스케일이 다릅니다. 서쪽 하늘을 붉게 물들이고 매순간 다양한 모습과 빛깔을 뿜내는 노을의 황홀함에 매료될 때 그것이 그분의 불후의 명작이라고 고백하지 않을 수 없습니다. 그분의 갤러리에는 그러한 작품들이 즐비할 것입니다.

말씀으로 세상을 만드신 창조주 하나님은 또한 창조 세계를 위해 매순간 일하시는 분입니다. 그러나 어떤 사람들은 하나님을 단지 시계 수

욥기 기자는 천둥이 치는 것을 보고 번개가 하나님께 "우리가 여기 있나이다"라고 고백하는 것이라고 했으며, 달라스 윌라드는 "바다는 하나님의 수족관"이라고 표현했다.

리공에 비유합니다. 시계를 만든 사람은 시계를 만든 후에는 할 일이 없는 것처럼 하나님은 창조주이시지만 창조 후의 세상은 하나님과 상관없이 저절로 돌아간다고 주장합니다. 이들에게 하나님은 더 이상 세상과 무관한 저 멀리 계신 분일 뿐입니다.

하지만 말씀으로 세상을 만드신 창조주 하나님은 지금 쉬고 계시는 분이 아닙니다. 오히려 하나님은 창조 세계를 사랑으로 돌보고 계십니다. 시편 기자는 하나님은 창조의 능력으로 바다의 경계를 정하셔서 땅으로 넘치지 못하게 하시고, 샘들을 골짜기마다 솟아나게 하셔서 들짐승의 목마름을 해결하게 하시며, 새들이 그 곁에 깃들게 하시고, 풀을 자라게 하셔서 들짐승들이 뜯어먹게 하시고, 사람들을 먹이시기 위해 채소를 비롯한 먹거리를 주시며, 때를 가늠하도록 달을 지으시고, 해에게는 지는 때를 알려주기도 하신다고 고백하고 있습니다(시편 104편). 그분은 피곤하다고 졸거나 주무시지도 않고, 언제나 변함없이 신실하게 일하시는 분이십니다.

따라서 그리스도인에게 있어서 중력의 법칙, 운동의 법칙, 열역학 법칙, 광합성 법칙, 유전 법칙 등과 같은 자연법칙들은 단순히 자연현상에서 발견되는 법칙이 아닙니다. 자연법칙들은 하나님께서 창조 세계를 다스리시기 위해 고안해 내신 것들이고, 이러한 법칙들을 통해 자신의 창조 세계를 다스리고 계십니다. 십계명과 결혼제도 같은 인간 사회의 규범이나 제도 역시 마찬가지입니다. 그것은 사회를 유지하기 위해 인간 스스로 고안한 것이 아니라 하나님이 인간 사회를 다스리기 위해 만드신 것들입니다. 이와 같이 하나님은 자연법칙과 규범을 통해 온 세상을 신실하게 다스리고 돌보고 계십니다.

하나님에 대한 생각은 사랑의 손길로 이 세상을 창조하셨고 지금도 온 세상을 돌보고 다스리시는 보이지 않는 하나님을 바라보게 합니다. 그 생각은 아무도 보지 않고 돌보지 않는 들풀조차도 최고의 작품으로 만드셨고 돌보고 계시는 하나님을 보게 합니다. 또한 하나님에 대한 생각은 이슬 한 방울이 맺히는 것조차 하나님의 손길이 없이는 불가능한 것임을 깨닫게 합니다. 1,000억 개의 태양계로 이루어진 은하계, 그리고 그 은하계 1,000억 개가 모여 이루어진 우주에 비교해 볼 때 해변의 모래 한 알갱이 같은 존재인 나를 최고의 작품으로 만드셨고, 우주 전체를 운행하시는 능력의 손으로 나의 삶을 주관하시고 계심을 보게 합니다. 이러한 생각은 표현할 수 없는 벅찬 감격을 낳습니다. 그 깨달음은 아마 자신을 둘러싼 불 말과 불 마차를 보면서 느꼈을 엘리사의 감격과 비슷한 것이 아닐까요?

1,000억 개의 태양계로 이루어진 은하계와 비교해 볼 때 해변의 모래 한 알갱이 같은 존재인 나를 하나님은 최고의 작품으로 만드셨다.

하나님을 보면 내가 보인다
|

스스로 생각할 수 있는 기계가 있다고 상상해 봅시다. 그 기계는 자신이 누구인지를 알고 싶었습니다. 그래서 자신을 자세히 관찰해 보기로 했습니다. 그 기계는 자신이 거울일지도 모른다고 생각했습니다. 자신에게 거울처럼 생긴 것이 있어서 주변의 모습이 비추어졌기 때문입니다. 또 그 기계는 자신에게 숫자들과 여러 가지 기호들이 새겨져 있음을 보게 되었습니다. 그래서 자신이 계산기일지도 모른다고 추측했습니다. 또 숫자판을 누르는 순간 화면에서 빛이 나기 시작했습니다. 그 순간 자신이 어두울 때 사용하는 손전등일 수도 있겠다는 생각을 했습니다. 그 기계는 스스로를 관찰하면서 자신을 좀 더 알아간 것 같았지만 자신이 누구인가라는 질문에 대해서는 궁금증이 더욱 생겨났습니다. 그래서 자신을 알 수 있는 확실한 방법을 고민하기 시작했습니다. 결국 가장 좋은 방법은 자신을 만든 이에게 찾아가서 물어보는 것임을 깨닫게 되었습니다. 그 기계는 즉시 실천했습니다. 자신을 만든 사람을 통해서 자신에게 여러 가지 기능이 있지만 분명한 것은 사람들과 통화하기 위해 만들어진 핸드폰임을 알게 되었습니다.

인간은 자신이 누구인지에 대해서 끊임없이 질문합니다. 그래서 자신이 무엇을 좋아하고, 무엇을 잘하고, 어떤 성격을 가졌고, 어떤 것에 열정이 있는지 등 자신의 여러 가지 특성들을 살펴보면서 자신이 누구인지를 발견하려고 노력합니다. 그러나 그러한 요소들은 자신의 독특함을 보여줄 수는 있지만 자신이 진정 누구인지에 대해 시원한 대답을 제시해 주지 못한다는 것을 경험하게 됩니다. 따라서 우리 자신을 아는 가장 확실한 방법은 자신을 관찰하는 것보다 자신을 창조한 하나님께 질문을 던지는 것입니다. 보이지 않는 하나님을 바라볼 때 우리가 얻을 수 있는 가장 큰 유익은 바로 나 자신이 누구인지를 알게 된다는 것입니다. 성경은 이에 대해 다음과 같이 이야기합니다.

> 오직 그리스도 안에서만 우리는 우리가 누구인지 그리고 우리가 무엇을 위해 사는지 알 수 있다. 우리가 그리스도를 알기 전에, 어떤 소망을 갖기 전에 하나님은 이미 우리를 눈여겨보셨고 만물과 만인 가운데서 역사하시는 목적의 한 부분으로서의 영광스러운 삶을 이미 계획해 놓으셨다
>
> 에베소서 1:11, 메시지 신약

위의 말씀처럼 우리가 누구인지 알기 위해서는 하나님을 아는 것이 먼저입니다. 나를 알기 위해서는 먼저 하나님을 만나야 하고, 하나님께 내가 누구인지 물어보아야 합니다. 우리를 만드신 창조주 하나님만큼 나에 대해서 잘 아는 분은 없기 때문입니다. 그분은 우리가 누구이며, 어떻게 살아야 할지 분명한 계획을 갖고 계십니다. 보이지 않는 하나님을 바라보게 될 때 내가 누구인지, 어떻게 살아야 하는지를 분명히 알수 있습니다.

나는 하나님의 영광을 위해 창조되었다

성경은 하나님이 인간을 자신의 형상(the image of God)대로 창조하

셨다고 이야기하고 있습니다(창세기 1:26~27). 하나님은 개를 개처럼, 소를 소처럼 만드셨습니다. 그러나 인간은 인간이 아니라 하나님처럼 만드셨다고 말합니다. 이것은 인간이 다른 생명체와 구별되는 분명한 차이점이 있음을 의미합니다. 그 분명한 차이점이란 다른 동물들과는 달리 하나님의 형상, 즉 하나님을 닮은 존재라는 것입니다.

이미지(image)라는 단어를 통해 하나님의 형상이라는 의미를 생각해 봅시다. 각 나라 지도자의 동상(image)들은 누가 그 나라를 통치하면서 영향력을 발휘하고 있는지에 대해 상징적으로 보여줍니다. 이집트 곳곳에서 볼 수 있는 파라오 석상은 고대 이집트의 영토가 어디까지였는지를 보여줍니다. 사담 후세인의 동상은 무너졌지만 김일성의 동상이 여전히 건재하다는 것은 각각 이라크와 북한의 통치권의 상태가 어떠한지를 반영합니다. 이런 점에서 우리가 하나님의 형상(image)을 가진 자라는 것은 곧 우리 자신이 하나님의 통치를 알리는 상징이 됨을 뜻합니다. 따라서 자신을 통해 하나님을 반영하는 것, 그리고 하나님의 통치를 알리는 것이야말로 인간이 하나님께 올려드릴 최고의 영광이자 인간의 존재 이유입니다. 『웨스트민스터 소교리 문답』역시 인간의 주

이집트 파라오의 석상이나 이라크 사담 후세인의 동상은 영토가 어딘지, 또 통치권의 상태가 어떠한지를 보여준다.

된 창조 목적을 "하나님을 영화롭게 하고 영원히 그분을 기뻐하는 것"이라고 말하고 있습니다. 우리가 어디에 있든지 무엇을 하든지 하나님의 형상이라는 것이 변함없는 이상, 우리가 가는 곳곳에서 보이지 않는 하나님을 나타내야 할 존재인 것입니다.

먼저 우리 자신을 통해 하나님을 드러낸다는 것은 이 세상의 창조주가 바로 하나님이심을 인정하고 고백하는 것입니다. 아이를 키우면서 이것이 무엇을 의미하는지 깊이 깨달은 적이 있습니다. 큰아이가 막 걸음마를 시작할 때의 일입니다. 하루는 아이와 함께 산책을 했습니다. 아이는 집에만 있다가 오랜만에 밖으로 나와서인지 아장아장 걸음이 더욱 신이 났습니다. 아이가 한참 말을 배우기 시작할 때였는데, 여기저기를 혼자 다니면서 "아빠, 이것 봐!"를 외치기 시작했습니다. 풀잎을 보면서, 날아다니는 나비를 보면서, 바람에 흔들리는 나뭇잎을 보면서 "아빠, 이것 봐!"를 연발했습니다. 특히 하늘 높이 날고 있는 비행기를 바라보고 감탄하면서 "아빠, 이것 봐!"('저것'이라는 단어를 배우기 전)를 외쳤습니다.

아이의 행동을 지켜보면서 나 역시 덩달아 신이 났습니다. 그리고 아이가 "아빠, 이것 봐!"라고 말할 때마다 그것에 대해 하나씩 하나씩 설명해 주기 시작했습니다. "응, 이것은 풀잎이라는 거야! 어, 이것은 나비라는 거다. 그리고 이것은 나뭇잎이라는 거지. 그리고 이것은 비행기라는 거다!" 아이에게 하나씩 설명할수록 내 마음에 왠지 모를 뿌듯함으로 가득찼습니다. 사랑하는 아들에게 이 세상을 설명하면서 아들이 모르는 새로운 세상을 알게 해주는 것이 아빠로서의 큰 기쁨으로 다가왔습니다.

그때 내 마음속에 이런 하나님의 음성이 들리는 것 같았습니다.

너도 나에게 "아빠, 이것 봐!"를 외쳐주면 좋겠구나. 그러면 네가 아이에게 신이 나서 한 가지씩 설명해 준 것처럼 나도 너에게 내가 만든 것들을 소개해 주고 설명해 줄 텐데. 너에게 소개해 줄 것이 너무나 많구나. 이것이 나에겐 큰 기쁨이란다.

이후로 성경뿐만 아니라 창조 세계에서도 하나님을 만나고 알아갈 수 있다는 것을 깊이 깨닫게 되었습니다. 그때부터 산책을 할 때면 일부러 나뭇잎을 손으로 어루만져 보기도 하고, 딱딱한 나무껍질에 손바닥을 대어 보기도 하고, 코를 들이대고 풀꽃 향기를 맡아 보는 습관이 생겼습니다. 마음속으로는 창조주 하나님을 묵상하면서 말입니다. 그러면 하나님이 멀리 계신 분이 아니라 나와 지금 함께 계신 분처럼 느껴졌고 더 가까이 계심을 느끼게 됩니다. 함께 간 아이들도 나의 이런 행동을 종종 따라 합니다. 그러면서 "야, 하나님 대단하시다! 하나님은 마술사이신가 봐! 어떻게 나뭇잎을 이렇게 다르게 만드셨지? 어떻게 나뭇잎 색깔이 올 때마다 달라지지?"라고 감탄합니다. 곳곳에 즐비해 있는 하나님의 창조 작품들을 보면서 비록 그것이 우리에게는 보잘 것없이 보인다 해도 그 안에 있는 하나님의 창조의 손길을 발견하면서 "하나님! 이것 보세요!"를 외칠 때마다 하나님도 기뻐하실 것입니다. 이것은 자연 세계에만 해당되는 것이 아닙니다. 우리가 있는 곳이 어디든 보이지 않는 하나님을 바라보고 그분을 창조주로 인정하고 고백하는 삶을 살 수 있습니다. 다음의 노래 가사에서도 그러한 하나님을 발견할 수 있습니다.

> 모래알 하나하나에서
> 한순간의 격분 가운데서
> 조물주의 손길을 보네
> 떨리는 잎사귀에서
> 모래알 하나하나에서
>
> 밥 딜런(Bob Dylan), 「모래알 하나하나에서(Every Grain of Sand)」 중에서

둘째, 우리 자신을 통해 하나님을 드러낸다는 것은 그분이 우리의 삶과 역사의 주관자이심을 인정하는 것입니다. 하나님은 태초에 모든 만물을 창조하신 그 위대한 능력으로 지금도 온 세상을 주관하고 계십니다. 무엇보다 우리의 삶을 지켜보시고 보호하시고 이끌고 계심을 알게 될 때 우리 마음은 든든해질 수밖에 없습니다. 하지만 때로는 어두운 터널 같은 곳을 마냥 지나는 것 같은 답답함과 어려움이 있기도 합니다. 때로는 삶 가운데 일어나는 일 가운데 이해되지 않는 많은 것들이 마음을 혼란스럽고 무겁게 할 때도 있습니다. 그러나 그런 가운데서도 절망하지 않고 오히려 하나님을 더욱 의지할 수 있는 이유는 하나님께서 지금 이 순간에도 우리를 위해 일하고 계심을 확신하기 때문입니다.

개인의 삶뿐만 아니라 인간의 역사도 마찬가지입니다. 역사를 이끌어가는 분은 하나님이십니다. 모든 문화 활동, 즉 과학과 기술 · 정치 · 경제 · 예술 · 문학 등을 우리의 눈으로 보면 인간적인 활동으로 보입니다. 하지만 믿음의 눈으로 본다면 그 모든 것을 이끄시고 주관하시는

분은 보이지 않는 하나님이심을 고백할 수밖에 없습니다.

하지만 현실은 우리의 눈이 영적인 것에 관여하시는 하나님을 보는데에는 익숙해져 있지만, 상대적으로 일상의 사사로운 일 가운데 역사하시는 하나님을 경험하는 것이 부족합니다. 뭔가 기적과 경이로운 사건이 있을 때에만 하나님을 인정하는 경향이 있습니다. 그러나 분명한 것은 하나님은 교회에서만 일하고 계신 분이 아니라는 것입니다. 하나님은 가정에서도, 학교에서도, 직장에서도, 영화관에서도, 지극히 작은 일상의 순간에서도 함께하시는 분이며, 지금도 변함없이 창조 세계를 위해 역동적으로 일하고 계신 분입니다. 이러한 하나님을 바라보는 사람들은 자신의 삶, 자연, 사회, 문화 속에서 하나님을 인정하고 하나님의 창조 손길을 경험할 수 있습니다. 그들은 모든 일에서 하나님을 인정하는 자들이며, 이를 통해 자신의 길을 하나님이 인도하시도록 내어드리는 자들입니다(잠언 3:6).

나는 사랑의 통로가 되기 위해 창조되었다

한 아이가 아침을 먹다가 엄마에게 이렇게 말했다. "엄마, 밥을 주셔서 감사합니다." 그러자 엄마는 아이에게 미소를 지으며 이렇게 대답했다. "아니야, 이렇게 아침을 먹을 수 있는 것은 쌀이 있기 때문이란다. 쌀을 주신 쌀집 아저씨에게 감사드리렴."

아이는 엄마의 말을 듣고 쌀집 아저씨에게 가서 감사의 마음을 전했다. 그러자 쌀집 아저씨는 이렇게 말했다. "아니다. 난 그저 쌀을 판 것밖에 없단다. 농부들이 없었다면 우리가 맛있는 밥을 먹을 수 없었을 게야."

아이는 논에서 일하고 있는 농부 아저씨를 찾아가서 감사의 말을 전했다. "농부 아저씨, 저희에게 쌀을 주셔서 감사드려요." 그러자 농부 아저씨가 웃으면서 이렇게 대답했다. "아니다. 얘야. 나는 그저 씨를 뿌리고 벼가 잘 자라도록 일을 했을 뿐이지. 하나님이 햇볕과 비를 주시지 않았다면 아마 이 벼는 자랄 수 없었을 게야. 그러니 아이야. 먼저 하나님께 감사드리렴. 그리고 나와 같은 농부들과, 쌀을 가정마다 전달해 주는 쌀집 아저씨와, 맛있는 밥을 지어준 엄마에게도 감사드리면 좋겠구나. 아참, 밥을 먹을 때 맛있게 먹어주고 감사할 줄 아는 너 같은 착한 아이에게 오히려 내가 고맙다는 말을 하고 싶구나. 그것이 내가 수고하는 최고의 보람이거든!"

우리가 밥을 먹고 살 수 있는 것은 쌀을 만드시고 햇볕과 비를 때에 맞게 내려주신 창조주 하나님 때문이며, 사람들이 자신이 맡은 일에 최선을 다하며 살기 때문입니다. 지금 자신의 주변을 돌아보십시오. 그리고 자신이 입고 있는 옷을 보십시오. 누가 만들었는지 알 수는 없지만 그 누군가의 땀의 수고가 없었다면 따뜻하고 멋진 옷을 입을 수 없었을 것입니다.

여호와 하나님이 가라사대 사람의 독처하는 것이 좋지 못하니 내가 그를 위하여 돕는 배필을 지으리라 하시니라

창세기 2:18

하나님이 아담 한 사람만 창조하는 것으로 끝내지 않으시고 하와를 비롯하여 수많은 사람들을 창조하신 목적은 무엇일까요? 그것은 인간으로 하여금 서로 돕고 사는 상호 보완의 공동체를 이루라는 하나님의 뜻이 담겨져 있습니다. 서로 싸우고 미워하고 원망하고 질투하는 관계가 아니라 서로 사랑하고 섬기도록 만드셨습니다. 하나님은 그분이 서로 하나가 된 것같이 우리도 하나가 되기를 원하시며 사랑의 공동체를 이루어 가기를 원하십니다(요한복음 17:22).

그렇다면 이 세상 사람들을 다양한 인종과 수많은 민족으로 만드신이유는 무엇일까요? 사람들은 다양한 인종과 민족만큼 그 특성과 은사와 재능이 다양합니다. 하나님은 한 사람 한 사람에게 독특한 은사와재능을 주셔서 다른 사람들을 섬기게 하는 것처럼 다양한 인종과 민족에게도 독특한 은사와 재능을 주셔서 지구촌 공동체를 위해 서로 섬기고 사랑하도록 하셨습니다. 여기에는 인종차별이나 민족주의가 들어설틈이 전혀 없습니다. 또한 모든 사람은 하나님의 형상이라는 이유만으로도 존중히 여김을 받아야 합니다. 그렇기 때문에 장애인이나 연약한사람이나 나이가 어린 사람을 포함해 그 어떤 사람이라도 무시당하거나 차별받는다는 것은 결코 옳은 일이 아닙니다. 서로가 서로에게 의미있는 존재가 되어 사는 인류 공동체를 이루는 것, 그것이 바로 70억의다양한 사람들이 존재하는 이유이자 창조 목적입니다.

이처럼 창조주 하나님에 대한 생각은 사람을 보는 긍정적인 관점을갖도록 합니다. 그러나 우리는 대개 다른 사람들을 바라볼 때 좋은 점을 보기보다 부정적인 면을 보는 경향이 있습니다. 사람들을 바라볼 때우리가 가진 선입견과 편견의 잣대를 들이대고 쉽게 상대방을 판단할 때가 많습니다. 그 사람 속에 있는 인격을 보기보다 외모를 보고 무시하거나 스스로 열등감에 빠질 때도 많습니다. 그러나 성경은 "사랑이 너희의 최고 목표가 되게 하라"(고린도전서 14:1, 리빙바이블)고 말하고 있습니다. 창조주 하나님에 대한 생각은 사람들을 바라볼 때 모두가 존귀한 하나님의 창조물이며, 따라서 사랑으로 섬겨야 할 대상으로 이해하도록 이끕니다.

이것이 한 사람이 아닌 인간 공동체를 만드신 하나님의 목적입니다. 특히 외적인 이미지가 중요시되는 이 시대에 우리는 사람들의 진정한 이미지를 볼 수 있어야 합니다. 그것은 바로 각 사람 속에 있는 '하나님의 이미지(형상)'이며, 그것을 바라볼 때마다 다른 사람들에게 다음과 같이 고백할 수 있을 것입니다.

지구촌 공동체의 모든 70억의 다양한 사람들에게는 하나님의 특별한 창조 목적이 있다.

야, 이 사람은 전능하신 하나님이 손수 정밀하게 제작하신 피조물이로 구나. 하나님의 형상이 그대로 나타나네. 하나님이 최고로 사랑하시는 대 상이기도 하지. 예수님은 이 사람을 위해 보혈을 흘리셨지. 성령님은 이 사람을 하나님 아버지와의 관계로 불러들이시기 위해 밤낮으로 쫓아다니 고 계시지. 이 사람은 하나님께 정말 소중한 사람이야!

빌 하이벨스, 『아무도 보는 이 없을 때 당신은 누구인가』 중에서

나는 세상을 섬기기 위해 창조되었다

하나님은 왜 빵나무를 만드시지 않았을까요? 만약 빵나무가 있다면 사람들이 곡식을 거두고 빵을 만들기 위해 수고할 필요가 없었을 것입 니다. 사람들은 나무 밑에 가서 식사기도를 한 후 나무에 달려 있는 빵 열매를 배가 부를 때까지 따 먹었을 것입니다. 그러나 하나님은 우리에 게 빵나무를 만들어주시기 않았습니다. 그 대신 인간에게 밭으로 쓸 땅 과 빵의 원료가 되는 밀을 제공하셨고, 물과 바람을 적절하게 주셔서 밀이 잘 자라도록 환경을 제공해 주셨습니다. 인간은 하나님이 주신 씨 앗을 뿌리고 가꾸어 밀알을 거두어들입니다. 그리고 그 밀알을 곱게 빻 아 밀가루를 만든 다음, 그것으로 맛있는 빵을 만듭니다.

여기서 창조 세계에서 인간의 역할이 무엇인지 이해할 수 있습니다. 하나님은 밀 안에 빵이 되도록 가능성을 심어 두셨습니다. 그리고 그것 이 자라도록 땅과 물과 바람을 비롯한 자연환경을 제공해 주십니다. 또 인간에게 밀을 잘 가꾸고 관리할 뿐만 아니라 그것을 맛있는 빵으로 만

들 수 있는 창의적 사고를 주셨습니다. 인간은 이러한 과정을 통해 밀 뿐만 아니라 곳곳에서 하나님의 창조 목적을 드러냈고, 하나님이 만드신 세상을 풍요롭게 하는 일을 하였습니다. 마이클 노박은 "창조의 세계는 발견되기를 기다리고 있는 비밀들과 수수께끼들로 가득 차 있고, 주님은 인간이 그 지성을 사용해서 그것들을 풀기를 기대하신다"라고 말합니다. 이것은 끝없이 쏟아져 나오는 보물들이 가득 담긴 창고를 발견한 것처럼 흥미진진한 일이 아닐 수 없습니다.

> 하나님이 그들(우리)에게 복을 주시며 그들(우리)에게 이르시되 생육하
> 고 번성하여 땅에 충만하라, 땅을 정복하라, 바다의 고기와 공중의 새와
> 땅에 움직이는 모든 생물을 다스리라 하시니라
>
> 창세기 1:28

문화명령이라는 불리는 이 말씀은 인간으로 하여금 창조 세계 속에서 청지기로 살라는 하나님의 부르심이기도 합니다. 이것은 온 우주를 오케스트라로 비유하자면 최고의 지휘자이신 하나님이 그 지휘봉을 사람들에게 나눠주신 것이라 할 수 있습니다. 이처럼 하나님은 인간을 동역자로 삼으셔서 이 세상이 풍요롭고 사랑이 충만한 세상이 되도록 하는 일에 동참하기를 원하십니다.

쓸모없는 검은 액체에 지나지 않았던 원유가 검은 황금으로 변화된 것, 그리고 아무런 가치가 없던 모래 알갱이가 실리콘 칩으로 변화된 것 역시 인간이 청지기의 역할을 잘 수행한 열매들입니다. 하나님은 원유와 모래 안에 그러한 가능성을 이미 넣어주셨고, 인간은 하나님께서

온 우주에서 최고의 지휘자이신 하나님이 그 지휘봉을 동역자로 삼으신 각 사람들에게 나누어주셨다.

자신에게 부어주신 창의력과 재능을 가지고 원유를 에너지 자원으로, 모래를 실리콘 칩으로 새롭게 창조해 낸 것입니다.

청지기적 역할은 단지 자연 영역에만 해당되는 것이 아닙니다. 또한 과학과 기술의 개발에만 해당되는 것도 아닙니다. 가정, 정치, 경제, 교육, 경영, 법, 환경, 예술, 음악, 문학 등 삶의 모든 영역에서 창조 목적 혹은 가능성을 드러내고 이를 통해 세상을 관리하고 다스리는 일들이 일어날 수 있습니다. 창조 세계는 아직 채굴되지 않은 채 숨겨져 있는 무한한 금맥과도 같습니다. 이것을 깨닫게 된 사람은 흥분 속에서 살아갈 수밖에 없습니다. 모든 것—심지어 익숙한 것에서도—에서 새로움을 발견할 수 있게 됩니다.

지금까지의 이야기를 정리해 보면 성경이 이야기하는 인간은 먼저 하나님과의 관계 속에서 하나님께 영광을 올려 드리는 존재라는 것입니다. 하나님은 우리 인간을 자연과 인간 사회를 보며 지금도 당신이 창조 세계를 위해 일하고 계심을 고백하고 인정하는 자로 부르셨습니다. 하나님은 사람들과의 관계 속에서 다른 사람을 섬기고 사랑을 베푸는 자로 인간을 창조하셨습니다. 하나님은 우리를 사용하셔서 다른 사

쓸모없고 가치 없는 모래 알갱이가 실리콘 칩이 되듯 하나님은 우리 안에 가능성을 이미 넣어주셨다.

람들에게 하나님의 사랑을 전하기 원하십니다. 그 사랑을 전하도록 하시기 위해 그 사랑을 베풀 물질, 능력, 열정, 은사들을 이미 우리에게 부어주셨습니다. 세상과의 관계 속에서 하나님은 당신을 대신해서 세상을 돌보고 개발시켜 나갈 청지기로 우리들을 부르셨습니다. 그 부르심에 순종하게 될 때 이 세상은 하나님이 기대하시는 더 풍요로운 세상이 되어갈 것입니다.

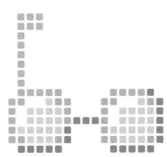

4장

죄의 심각성
실감하기

크리스천 씽킹 2원리

죄는 사람의 마음에서 시작되는 것이며, 그 속에서 악한 증상과 악한 행동들이 나옵니다. 감기의 증상을 보고 감기가 걸린 것, 즉 감기 바이러스가 영향을 주고 있음을 알 수 있습니다. 마찬가지로 죄의 증상이 우리에게 있을 때 우리 역시 죄의 바이러스가 우리에게 있음을 인정할 수밖에 없습니다. 예수님은 죄의 증상에 대해 다음과 같이 설명하십니다. 우리에게 아래의 증상들이 하나라도 보인다면 그것은 우리 스스로 인정하든 하지 않든 간에 성경적인 관점에서 죄인임을 부정할 수 없습니다.

성경의 죄와 세상의 죄

에드먼드는 젤리를 너무 많이 먹었기 때문에 벌써부터 마음이 불편해지고 있었다. 그러나 그는 여전히 그가 원했던 어떤 것보다 '터키 젤리'를 다시 먹고 싶었다.

C. S. 루이스, 『나니아 연대기: 사자, 마녀 그리고 옷장』 중에서

C. S. 루이스의 『나니아 연대기: 사자, 마녀 그리고 옷장』을 보면 에드먼드가 형제들을 배신하면서까지 하얀 마녀의 유혹에 넘어가게 했던 것이 바로 '터키 젤리'였습니다. 죄 역시 그 첫 맛은 '터키 젤리'처럼 달았습니다. 성경은 "도적질한 물이 달고 몰래 먹는 떡이 맛이 있다"(잠언 9:17)고 말합니다. 그 맛 때문에 사람들은 그것이 잘못된 것임을 알면서도 죄의 유혹에 빠지게 됩니다. 이것은 마약, 섹스, 알코올 등의 중독자처럼 그것이 옳지 않은 것임을 알면서도 그 유혹에 사로잡혀 점점 빠져들게 되는 것과 같습니다.

하지만 죄의 파괴적인 결과에 비해 죄의 단맛은 너무나 잠깐입니다. 그 잠깐의 단맛 때문에 치러야 할 대가는 실로 엄청납니다. 속여서 얻은 빵은 맛있을지 모르지만, 결국 그 입에 모래가 가득차게 되는 것처

「나니아 연대기: 사자, 마녀 그리고 옷장」에서 에드먼드가 하얀 마녀의 유혹에 넘어가 터키 젤리를 먹는 장면(위)과 터키 젤리(아래)

럼 괴롭습니다(잠언 20:17). 죄는 우리를 끝없는 욕망의 노예로 만들어 결국 어리석고 무능한 인간으로 만들어 버립니다. 즉 죄를 짓는 사람은 자기도 모르는 사이에 죄의 악순환에 빠지게 되고, 죄로 인해 파멸의 길을 가게 되는 것이라고 성경은 이야기하고 있습니다.

그렇다면 죄란 무엇일까요? 성경, 특히 창세기 3장에서는 '하나님의 뜻(생각)에 따라 살지 않는 것' '하나님을 거역하는 것,' 다시 말해 하나님 말씀에 대한 '불순종'이 죄라고 말합니다. 이렇게 될 때 인간의 삶은 하나님 중심적인 삶이 아니라 자기중심적인 삶이 됩니다.

오늘날 사람들에게는 이러한 성경적인 '죄'의 개념에 별로 관심이 없습니다. 지하철이나 광장에서 가끔 "예수 천당, 불신 지옥! 당신은 죄인입니다. 회개하십시오!"라는 말을 외치는 사람들을 봅니다. 대부분의 사람들은 그것에 무관심하거나 무시하는 태도를 보입니다. 때로는 일부 사람들은 자신을 죄인이라고 하는 말에 상당히 불쾌감을 표시하기도 합니다. 그러나 대부분 사람들은 성경적인 죄의 의미를 이해하지 못합니다. 어쩌면 그것은 당연한 일일 것입니다. 그들은 '하나님의 존재를 믿지 않는데 누가 죄의 의미와 기준을 세우고 평가할 수 있겠는가'라고 생각하기 때문입니다. 그래서 그들은 기독교에서 말하는 죄를 구시대적 발상이나 흥밋거리가 없는 주제로 여깁니다.

그럼에도 불구하고 죄에 대한 생각은 크리스천 씽킹의 중요한 두 번째 원리입니다. 이것은 이 세상에 존재하는 수많은 고통과 문제가 왜 생겨났는지에 대한 성경적인 답변이기 때문입니다. 죄에 대한 생각은 우리로 하여금 세상의 문제들 속에서 죄의 실체를 바라보게 합니다. 문제를 해결하기 위해 먼저 원인을 분석해야 하는 것처럼 이 세상의 문제들을 해결하기 위해 그것의 원인인 죄에 대해 살펴보는 것은 문제해결의 중요한 출발점이라 할 수 있겠습니다. 또한 그러한 과정을 통해 죄인으로서의 인간을 이해하는 데 도움이 될 것입니다.

우리를 유혹하는 사단의 전략

이 세상은 하나님이 창조하시고 보시기에 좋았더라고 하신 세상이지만 동시에 고통과 어두움이 가득한 죄 많은 세상이기도 합니다. 죄에 대한 성경적인 관점을 이해하게 되면 왜 하나님의 선한 세상이 죄 많은 세상, 문제 많은 세상으로 변했는지 이해할 수 있습니다. 특히 창세기 3장은 인간이 죄를 짓도록 사단이 어떻게 유혹했으며, 결국 인간이 어떻게 하나님께 불순종하게 되었는지에 대한 생생한 이야기가 나옵니다.

사단은 인간을 넘어뜨리기 위해 두 가지 전략을 사용하는데, 그 타깃은 바로 인간의 마음이었습니다.

사단의 전략 1단계: 의심의 잽을 날려라

사단은 하와에게 다가와 "하나님이 참으로 너희더러 동산 모든 나무의 실과를 먹지 말라 하시더냐?"(창세기 3:1)라고 생뚱맞은 질문을 던집니다. 언뜻 보면 그냥 지나칠 수 있는 말이지만 자세히 살펴보면 그 말에는 교묘한 속임수가 자리 잡고 있습니다. 왜냐하면 하나님께서 이미 선악과를 먹지 말라고 말씀하신 것(창세기 2:16~17)을 사단이 하와에게 다시 질문을 던지면서 헷갈리게 만듭니다. 또한 하나님은 선악과만 먹지 말라고 하셨지, '모든 나무'라고는 말씀하시지 않았습니다.

그러한 사단의 질문에 하와는 조금씩 흔들리기 시작합니다. "동산 나무의 실과를 우리가 먹을 수 있으나 동산 중앙에 있는 나무의 실과는 하나님의 말씀에 너희는 먹지도 말고 만지지도 말라. 너희가 죽을까 하노라 하셨느니라"(창세기 3:2~3)라고 대답합니다. 창세기 2장 17절을 보면 하나님은 먹지 말라고는 하셨지만 만지지 말라고는 말씀하시지 않았습니다. 그것을 먹는 날에는 "정녕 죽으리라"며 단호히 말씀하셨지, "죽을까 하노라"고 약하게 말씀하시지 않았습니다. 결국 하와는 사단의 말에 흔들리기 시작한 것입니다. 하와는 '듣고 보니 뱀의 말도 일리가 있다. 하나님의 명령은 너무나 엄격하지 않은가?'라고 생각했을 것입니다. 그래서 하나님의 말씀을 의심하게 되었고, 그 말씀에 불만을 가지기 시작했을 것입니다.

이처럼 인간을 넘어뜨리기 위한 사단의 1단계 전략은 사람의 마음에 의심의 씨앗을 넣는 것입니다. 사단의 1단계 전략을 권투에 비유하자면 잽(jab)을 날리는 것과 같습니다. 권투선수처럼 사단은 KO 펀치를 날리기 전에 의심이라는 잽을 날리며 하와의 빈틈을 노렸을 것입니다. 그러자 하와는 잽을 맞고 점점 흔들리면서 빈틈을 보이기 시작했던 것입니다.

사단의 전략 2단계: 거짓말이라는 KO 펀치를 날려라

잽을 맞고 빈틈을 보이는 하와에게 사단은 다음과 같이 결정적인 한 방을 먹입니다. "너희가 결코 죽지 아니하리라. 너희가 그것을 먹는 날에는 너희 눈이 밝아 하나님과 같이 되어 선악을 알 줄을 하나님이 아심이니라"(창세기 3:4~5). 이것이 인간을 넘어뜨리는 사단의 2단계 전략인 '거짓말'이라는 KO 펀치입니다.

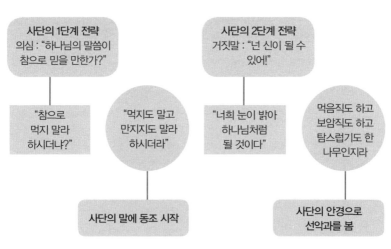

우리를 유혹하는 사단의 전략

사단의 KO 펀치를 맞은 하와는 곧바로 KO패를 당합니다. "여자가 그 나무를 본즉 먹음직도 하고 보암직도 하고 지혜롭게 할 만큼 탐스럽기도 한 나무인지라"(창세기 3:6 상반절). 이제 하와가 하나님의 안경을 벗어 던지고 사단의 안경으로 세상을 보기 시작했음을 알 수 있습니다. 이미 승패는 결정났습니다. 하와의 마음속 변화된 생각은 곧 행동으로 옮겨졌습니다. "여자가 그 실과를 따 먹고 자기와 함께한 남편에게도 주매 그도 먹은지라"(창세기 3:6 하반절). 이미 선악과를 먹은 아내 하와는 그 선악과를 아담에게 건넵니다. 그런데 선악과를 받은 아담 역시 어디에도 아내의 행동에 반대하거나 저항한 기미를 찾을 수 없습니다. 남편인 아담 역시 결국 사단의 KO펀치를 맞고 KO패 당한 셈입니다.

아담과 하와가 하나님의 관점으로 선악과를 바라보았다면 '하나님께서 먹지 말라 하셨고 먹으면 죽으리라고 하셨던 열매'로 이해해야 합니다. 그러나 하와는 사단의 관점으로 선악과를 바라보게 되었으며, 그 열매는 '먹음직하고 보암직하고 탐스럽기도 한 나무의 열매'로 보였던 것입니다. 사단은 사람들의 행동을 변화시키기 위해 먼저 생각을 바꾸어야 한다는 것을 잘 알고 있었습니다. 그래서 사단은 우리의 행동을 바꾸기 위해 먼저 생각을 전략적으로 공략하는 것입니다. 리처드 마우는 이것에 대해 다음과 같이 설명하고 있습니다.

나는 사단에게 철학적으로 흥미로운 점을 발견했다. 하나님의 목적에 대한 사단의 조직적인 대적에는 지적 기초가 있다. 그의 계획은 발달심리학에서 말하는 세 영역과 관련된다. 곧 정서적인 것, 의지적인 것, 인식적인 것이다. 사단은 우리가 어떻게 느끼고 선택하고 생각하는지에 관심을 갖고 있다.

리처드 마우, 『왜곡된 진리』 중에서

사단은 하나님을 신뢰하고 있는 하와에게 의심이라는 씨앗을 심어 넣고 불만의 감정을 가지게 했습니다(정). 선악과를 따먹도록 유도함으로써 하나님의 뜻을 거스르는 의지를 갖도록 했습니다(의). 그리고 하나님과 같아지리라는 생각을 넣어서 생각의 변화를 일으켰습니다(지). 결국 이 과정을 통해서 인간은 하나님께 영광을 올려드리는 존재라는 자신의 정체성을 상실하고 자기중심적인 색안경을 갖게 되었으며, 그 본 바대로 행하여 하나님께 불순종하게 된 것입니다.

지금도 사단은 동일한 전략을 가지고 우리를 유혹합니다. 당연한 것을 의심하게 하고, 확신을 불신으로 바꾸는 등 교묘히 우리의 생각을 바꾸려고 합니다. 오늘날에는 대중문화, 사회, 교육, 정치, 경제 전반에 걸쳐 우리의 생각을 하나님과 멀어지게 하거나 하나님의 뜻을 가리는

「원죄와 낙원에서의 추방」 1508~1512. 미켈란젤로. 프레스코화. 280×570cm. 로마 바티칸 궁전.

방향으로 나아가게 하는 요소들이 너무나 많습니다. 물론 문화 전체가 사단의 영향력 아래에 있는 것은 아닙니다. 그러나 사단은 문화를 비롯해 이용할 수 있는 모든 것들을 동원해서 사람들의 생각을 바꾸려고 합니다. 사단이 관심을 두는 것은 1차적으로 문화가 아니라 생각의 영역입니다. 이것이 바로 우리가 생각하는 그리스도인이 되어야 할 분명한 이유라고 할 수 있습니다.

그렇다면 누구의 죄인가?

> 이르시되 누가 너의 벗었음을 네게 알렸느냐 내가 네게 먹지 말라 명한 그 나무 열매를 네가 먹었느냐 아담이 이르되 하나님이 주셔서 나와 함께 있게 하신 여자 그가 그 나무 열매를 내게 주므로 내가 먹었나이다 여호와 하나님이 여자에게 이르시되 네가 어찌하여 이렇게 하였느냐 여자가 이르되 뱀이 나를 꾀므로 내가 먹었나이다
>
> 창세기 3:11~13

하나님이 선악과 사건 후 "네가 어찌하여 이렇게 하였느냐?"라고 질문을 던졌을 때 아담과 하와 두 사람의 반응은 동일했습니다. 아담은 하와를 '하나님이 주셔서 나와 함께 있게 하신 여자'로 설명하면서 하와에게 잘못을 돌렸습니다. 이것은 "하나님이 하와를 만드시지 않았다면 이런 일이 일어나지 않았을 것입니다"라고 이야기하는 것과 같습니다. 결국 하와를 만드신 하나님께 잘못의 책임을 전가하는 셈입니다. 하와

역시 마찬가지였습니다. 자신의 잘못을 "뱀이 나를 꾀므로"라는 말로 자신을 유혹한 사단에게 그 원인이 있음을 이야기하고 있습니다. 그러나 죄에 대한 성경적인 반응은 하나님도, 사단도, 다른 사람도 아닌 자신에게 죄의 원인이 있음을 인정하는 것입니다. 아담과 하와는 스스로 자신의 생각과 행동을 선택한 것이고, 그렇기 때문에 그에 대해 책임이 있는 것입니다.

아담과 하와가 그랬던 것처럼 자신의 죄에 대한 자연스러운 반응은 변명하는 것입니다. 어떤 범죄자는 자신의 잘못을 불우한 가정환경 때문이라고 합니다. 어떤 사람은 자신이 파산한 이유를 잘못된 정부 정책 때문이라고 합니다. 어떤 CEO는 회사의 어려움을 직원들의 무능력 때문이라고 말합니다. 이러한 말이 어느 정도 일리가 있을 수 있지만 분명한 것은 자신의 실수와 잘못에 대해 전혀 인정하는 모습을 찾아볼 수 없다는 것입니다. 이것이 변명입니다. 변명을 통해 자신의 잘못으로 생긴 수치와 두려움과 책임에서 회피하고 싶은 마음이 우리에게 있습니다. 이 수치(창세기 3:7)와 두려움(창세기 3:8)은 선악과 사건 후 생겨난 인간의 감정들입니다.

악한 생각은 대개 보는 것을 통해, 또는 듣는 것을 통해 우리 마음에 들어와서 이미지를 낳습니다. 악한 생각이 들어와 수십 번, 수백 번 이미지가 떠오르고 결정적인 상황 가운데서 죄의 행동으로 나아가게 하는 것입니다. 이것이 죄의 프로세스입니다. 사단이 죄를 짓도록 부추겼지만 그 생각을 선택하고 행동한 것은 우리입니다. 따라서 죄에 대한 성경적인 반응은 하나님도, 사단도, 다른 사람도, 환경도 아닌 바로 '내 탓이오!'라고 고백하는 것입니다. 이처럼 성경적인 죄에 대한 이해를 통해 그것이 어떤 것이든 간에 자신이 선택한 것에 대해서는 책임을 져야 한다는 사실을 배울 수 있습니다.

아담과 하와의 이야기에서도 볼 수 있듯이 죄는 사람의 마음에서 시작되는 것이며, 그 속에서 악한 증상과 악한 행동들이 나옵니다. 감기의 증상을 보고 감기가 걸린 것, 즉 감기 바이러스가 영향을 주고 있음을 알 수 있습니다. 마찬가지로 죄의 증상이 우리에게 있을 때 우리 역시 죄의 바이러스가 우리에게 있음을 인정할 수밖에 없습니다. 예수님은 죄의 증상에 대해 다음과 같이 설명하십니다. 우리에게 아래의 증상들이 하나라도 보인다면 그것은 우리 스스로 인정하든 하지 않든 간에 성경적인 관점에서 죄인임을 부정할 수 없습니다.

> 사람에게서 나오는 그것이 사람을 더럽게 하느니라 속에서 곧 사람의 마음에서 나오는 것은 악한 생각 곧 음란과 도둑질과 살인과 간음과 탐욕과 악독과 속임과 음탕과 질투와 비방과 교만과 우매함이니 이 모든 악한 것이 다 속에서 나와서 사람을 더럽게 하느니라
>
> 마가복음 7:20~23

죄의 도미노 효과

『크리스마스 캐럴』에서는 구두쇠 스크루지 영감이 자신의 과거, 현재, 미래의 환상을 보고 자신의 잘못을 뉘우치고 변화되는 것을 봅니다. 만약 아담과 하와도 선악과 사건이 일어나기 전에 그러한 경험을

했더라면 사단의 유혹에 그렇게 쉽게 넘어갈 수 있었을까요? 그들이 유혹의 순간에 하나님에 대해 깊이 생각했더라면, 그리고 자신들의 잘 못된 행동이 어떤 결과를 낳을 것인지를 곰곰이 생각해 보았다면 아마 인류의 역사는 완전히 달라졌을지 모릅니다. 스캇 펙은 "죄란 교만과 불순종의 이면에 있는 생각의 게으름이다"라고 말합니다. 무엇이 옳고 그른지 곰곰이 생각하는 과정 없이 자신의 욕망에 따라 행동하는 것이 바로 죄라는 것입니다.

다윗과 밧세바의 이야기도 마찬가지입니다. 다윗이 밧세바를 아내로 삼기 전에 자신의 생각과 행동을 하나님께 점검받았다면, 그리고 자신의 행동이 어떤 결과를 낳게 될 것인지 미리 생각했더라면 자신과 주변 사람들에게 닥칠 비극을 막을 수 있었을지도 모릅니다. 죄인의 사고방식은 지극히 자기중심적이며, 따라서 자신의 욕망만 채울 수 있다면 다른 사람들이 어떻게 되는지는 전혀 고려하지 않습니다. 다윗의 죄로 인해 밧세바의 남편 우리아는 사지로 내몰렸으며, 다윗의 충성된 부하들은 그의 죄를 은폐시키는 일을 위해 희생되었습니다. 불륜을 통해 잉태된 아기는 태어나자마자 죽고 말았으며, 불운의 여인인 밧세바 역시 이러한 과정 속에서 큰 상처를 받았습니다. 이처럼 다윗은 자신의 죄로 인해 하나님 앞에 불순종한 자가 되었습니다. 또 자신뿐 아니라 다른 사람들까지 그 죄에 연루시켰으며, 수많은 사람들을 희생시켰습니다. 이스라엘 백성들 역시 실망이 컸을 것입니다. 그들이 존경하고 따르던 다윗 왕에게 전혀 예상치 못한 모습을 보았기 때문입니다.

하나님은 죄를 싫어하십니다. 그분은 거룩하신 분이기 때문입니다. 하나님이 죄를 싫어하시는 또 다른 이유는 죄의 결과로 인한 고통이 어떠한지 너무나도 잘 알고 계시기 때문입니다. 하나님은 인간이 죄를 지은 결과, 하나님을 떠나 고통과 절망의 함정 속에 빠져들게 된다는 것을 잘 알고 계셨습니다.

창조주 하나님에 대한 생각이 우리의 행동과 인생에 영향을 주는 것처럼 죄에 대한 생각 역시 우리의 생각과 행동과 인생에 영향을 줍니다. 인간의 불순종은 하나님과의 관계는 물론 하나님께서 맺어주신 사람들과 세상과의 관계를 도미노처럼 연쇄적으로 무너뜨리게 합니다. 또한 그 죄로 인해 자신이 하나님의 형상이라는 정체성을 가지고 온전히 살 수 없게 됩니다. 죄가 사람에게 나와서 자신뿐만 아니라 모든 관계를 더럽히게 된 것입니다. 이것이 죄의 파괴력입니다. 안타깝게도 하나님이 만드신 창조 세계 곳곳에서 이러한 도미노 현상이 지금도 끊임없이 일어나고 있습니다.

죄는 하나님을 더 이상 인정하지 않는 것이다

엘리베이터에서 층수를 누르는 버튼을 볼 때 대개 숫자 '4' 대신에 'F'라고 쓰인 곳이 많습니다. 고층 호텔 중에는 13층이 없고 12층 다음에 14층이라고 표시하기도 합니다. 왜 그렇게 할까요? 숫자 4는 '죽을 사(死)'를 연상시키고, 숫자 13은 불길한 숫자라는 생각 때문입니다. 식당이나 다른 집을 방문하다 보면 벽에다 노란 종이에 빨간색 글자나 그림을 그려서 붙인 부적을 볼 때가 많습니다. 여기에는 재앙을 막고 복을 가져다주기를 바라는 인간의 마음이 담겨져 있습니다. 이처럼 우리의

엘리베이터 버튼에서 '4' 대신 'F'라고 쓴 것은 숫자 4가 '죽을 사(死)'를 연상시키기 때문이다. 또한 식당이나 집에 부적을 붙이는 것은 재앙을 막고 복을 가져다주기를 바라는 마음이 담긴 것이다.

일상 가운데도 우리 내면의 불안과 두려움에서 비롯된 예들은 많습니다. '핵과 환경오염으로 인해 지구의 종말이 온다면' '갑자기 암과 같은 큰 병에 걸리게 된다면' '갑자기 사랑하는 가족이 죽게 된다면' '나이 들고 병 들어 내가 죽게 된다면' 'IMF와 같은 경제적 위기가 다시 찾아온다면' '북한이 전쟁을 일으킨다면' 등 오늘날 많은 사람들은 수많은 걱정과 두려움에 사로잡혀 있습니다.

인간의 두려움은 죄로 말미암아 하나님을 떠났기 때문에 생기는 것이라고 성경은 말합니다(창세기 3:8~10). 인간은 두려움을 비롯한 자신의 문제를 해결하기 위해 하나님이 아닌 각종 취미생활 속으로, 마약 속으로, 술과 담배 속으로, 성(性)과 폭력 속으로 숨어듭니다. 하지만 그러한 노력으로도 자신의 본질적인 문제를 해결하지 못한다는 것을 잘 알고 있습니다. 그러한 몸부림 뒤에는 더 큰 공허함이 몰려오는 것을 경험하기 때문입니다. 인간의 이러한 현실에 대해 아우구스티누스는 『참회록』에서 "주께서는 우리를 주님을 위해 지으셨습니다. 그래서 우리의 마음은 주님 안에서 쉼을 얻을 때까지 쉴 수 없습니다"라고 고백하고 있습니다.

하나님을 반역하고 독립을 선언한 인간은 역사적으로 하나님이 아닌 다른 것을 통해 두려움에서 벗어나 안식과 풍요를 얻으려는 시도를 해왔습니다. 그래서 하나님께 올려드려야 할 찬양과 영광을 우상에게 바쳤습니다. 그리고 그 우상에게 자신의 건강과 번영과 행복을 보상해 줄 것을 기대했습니다. 그러나 우상은 우리에게 하나님 행세를 하는 것으로 끝나지 않고 우리가 하나님의 형상이 아닌 자신의 형상대로 살도록 강요하며, 심지어 우리의 희생을 요구하기도 했습니다. 다시 말해 하나님의 뜻과는 거리가 먼 생각과 삶을 살도록 강요한 것입니다. 우상은 처음에는 인간을 위해 일하는 것처럼 보이지만 결국 인간을 속박합니다. 인간도 쉼을 얻기 위해 우상을 의지하지만 돌아오는 것은 결국 더욱 깊어진 공허함이요 속박일 뿐입니다.

인간의 타락 이후 우상 숭배는 다양한 형태로 지속되어 왔습니다. 태양, 달, 산, 나무, 강, 바위 등이 숭배의 대상이 되기도 하고, 목상, 석상, 점토상을 만들어 숭배하기도 했습니다. 국가와 민족을 숭배하거나 종교를 숭배하기도 합니다. 오늘날에는 보이지 않는 우상인 돈, 권력, 섹스를 숭배하기도 합니다. 하나님 대신에 그 자리를 차지하는 모든 것은 그것이 무엇이든 상관없이 모두가 우상이 됩니다.

> 스스로 지혜 있다 하나 어리석게 되어 썩어지지 아니하는 하나님의 영광을 썩어질 사람과 새와 짐승과 기어다니는 동물 모양의 우상으로 바꾸었느니라
>
> 로마서 1:22~23

특히 오늘날의 우상은 금송아지처럼 보이는 형상보다 보이지 않는 생각의 우상들이 더 사람들의 마음을 사로잡고 있습니다. 하웃츠바르트는 이것을 '사상의 틀'이라는 의미의 '이데올로기(ideology)'라고 부르는데, 그리스도인들은 이 이데올로기를 우상으로 간주하고 경계하며 거부해야 한다고 주장합니다. 이러한 주장은 우상에 대한 성경의 강력한 경고에 기초한 것입니다(출애굽기 20:3~5). 더욱 주목할 것은 이데올로기가 '나는 어디서 왔는가' '이 세상의 문제는 어디에서 비롯되는가' '무엇이 해결책인가'라는 질문에 대해 대답을 제공한다는 것입니다. 또한 우상이 된 이데올로기는 수많은 사람들의 생각과 삶을 속박하며, 그것에 따라 살도록 강요할 뿐 아니라 심지어 희생과 헌신을 요구하기도 합니다. 사람들은 의식하든 의식하지 않든 간에 그것을 토대로 생각을 하고, 인생의 방향을 잡고, 꿈을 가지고 살아가게 됩니다.

예를 들어, 자연주의, 포스트모더니즘, 뉴에이지 같은 사상은 오늘날 사람들의 생각과 삶에 영향을 주고 있는 대표적인 '사상의 틀'이라 할 수 있습니다. 자연주의는 이 세상이 우연히 생겨난 자연 과정의 결과물

'종교 간의 대화'에는 다른 사람을 존중한다는 긍정적인 의미가 있지만, 반대로 어떤 생각과 행동도 통용될 가능성이 있으므로 문화적 혼란에 빠질 위험이 크다.

이라고 말합니다. 이러한 자연주의 안경을 가진 사람들에게는 하나님이 들어설 자리가 없습니다. 하나님에 대한 믿음은 비합리적이고 비과학적인 것이라고 하면서 하나님을 믿는 사람들에 대해 마음이 약하거나 신비주의적인 망상에 사로잡혀 있는 사람이라고 비판합니다. 그들의 주된 관심은 인간의 이성을 통해 과학기술을 발전시켜 천국과 같은 유토피아를 건설하는 것입니다.

포스트모더니즘은 모두가 인정하는 보편적인 진리라는 것은 존재하지 않는다는 믿음입니다. 특히 포스트모더니즘은 오늘날 많은 사람들에게 영향을 주는 지배적인 사상의 틀입니다. 그러한 생각을 가진 사람들은 진리를 상대적인 것이라고 말합니다. 그래서 포스트모더니즘 안경을 쓰게 되면 기독교와 자연주의처럼 절대적 진리를 주장하는 것에 대해 모두 거부합니다. 따라서 하나님에 대해서도 별로 관심이 없습니다. 오히려 절대적 진리를 주장하는 기독교에 대해 부정적인 감정을 가집니다. 절대적인 진리는 존재하지 않기 때문에 서로의 다른 생각과 의견을 존중하는 관용이 중요시되어집니다. 이것은 다른 사람을 존중하는 태도에 있어서 긍정적인 의미가 있습니다. 하지만 이러한 분위기가 형성될 때 그 어떤 생각과 행동도 통용될 가능성이 있으므로 문화적 혼란에 빠질 위험이 큽니다.

뉴에이지란 '인간도 신이 될 수 있다'는 믿음을 토대로 힌두교를 비롯한 동양 사상에 기반하여 서양 문화로 옷을 입힌 것이라 할 수 있습니다. 뉴에이지 안경을 쓰게 되면 자신을 신이 될 잠재력을 가진 인간으로 보게 되며, 영적인 세계에 대해 관심을 가지게 됩니다. 그리고 자신의 신성을 인식하고 우주의 에너지와 하나가 됨으로써 신이 되고자

뉴에이지 사상은 '너희도 하나님처럼
될 수 있다'는 사단의 노골적인 거짓
말을 되풀이하고 있다.

하는 비전을 가지게 됩니다. 이러한 면에서 기독교처럼 외부적 권위를
우선시하는 종교는 스스로 신이 될 잠재력을 깨닫고 실현하는 데 방해
가 되기 때문에 배척합니다. 뉴에이지는 지금까지 자연주의의 영향으
로 인해 소홀히 다루어졌던 영적 세계로 사람들의 시선을 옮기는 역할
을 했습니다. 하지만 그 사상을 살펴보면 창세기 3장의 '너희도 하나님
처럼 될 수 있다'는 사단의 노골적인 거짓말을 되풀이하는 것임을 알 수
있습니다.

　이처럼 죄의 영향력은 인간이 하나님을 인정하고 하나님께 영광을
올려 드리는 존재로 살아가는 것을 방해합니다. 하나님의 형상이라는
인간의 정체성 대신 우상에게 부여받은 새로운 정체성을 가지고 인생
을 살아가게 합니다. 그로 인해 하나님과의 관계는 더욱 멀어지게 되
고, 나아가 인간과 세상과의 관계에도 심각한 타격을 입게 됩니다.

죄는 더 이상 사람들을 사랑하지 않는 것이다

하나님의 뜻이 아닌 자신의 뜻대로 인생을 살기로 작정한 인간은 존스토트의 말처럼 "자신을 첫째에 두고, 이웃을 둘째에, 그리고 하나님은 뒤 구석 어디에 둡니다." 죄는 다른 사람들의 모습 속에 있는 하나님의 형상을 보는 눈을 가리게 했습니다. 그래서 자기중심적 사고를 가진 인간은 다른 사람을 더 이상 사랑의 대상이 아닌 판단의 대상, 심지어 욕망의 대상으로 여깁니다. 즉 하나님과의 관계가 끊어지는 것뿐만 아니라 사람들과의 관계도 파괴되는 것입니다.

이러한 자기중심적 생각은 다른 사람들과 자신을 비교함으로써 전혀 쓸모없는 열등감과 우월감에 빠지게 합니다. 자신이 볼 때 상대방이 뛰어나다고 생각이 들면 자연스럽게 열등감에 빠지게 합니다. 반대로 상대방이 부족하다고 생각이 들면 곧 우월감에 빠지게 합니다. 대부분의 갈등과 싸움 역시 자기중심적 사고에서 비롯되는 것이라 할 수 있습니다. 죄성으로 인한 자기중심적 사고방식은 다른 사람을 그 사람의 입장에서 이해하고 올바르게 판단하기보다 자신의 기준으로 쉽게 판단하고 비판해 버리도록 합니다. 이것은 자신이 하나님의 자리에 서서 하나님처럼 행동하는 것과 같습니다. 그로 인해 다른 사람에게 마음의 상처를 주기도 하고 갈등을 쌓기도 하며, 심지어 싸움으로 번지는 경우도 종종 있습니다. 이것이 지역으로 확대되면 지역감정이 되고 국가 간으로 확대되면 국제적 분쟁이 되는 것입니다. 죄로 인한 자기중심적 사고방식은 사람들의 관계를 조화와 평등의 관계가 아니라 지배와 불평등의 관계로 변하게 만들었습니다.

인간의 죄는 사람들과의 관계 속에 바이러스처럼 침투해 들어가서 사람들의 관계를 파괴시키고 수많은 사람들을 희생시키며, 결국 하나님이 세우고자 하신 사랑 공동체를 무너뜨립니다. 참으로 무서운 일입니다. 죄의 렌즈로 세상을 바라볼 때 세상은 온통 적자생존과 약육강식이 가득한 밀림의 세계와 같습니다. 곳곳에서 살벌한 일들이 일어나고, 고통의 비명과 신음 소리가 들리며, 피비린내가 진동을 하고, 슬픔 가운데 있는 사람들의 눈물이 강을 이루고 바다를 이룹니다.

　　인간의 역사는 전쟁사라고 불릴 만큼 인류 역사 가운데 수많은 전쟁이 있었고, 지금도 곳곳에서 크고 작은 전쟁이 벌어지고 있습니다. 또한 핵전쟁처럼 앞으로 인류에게 일어날지도 모를 대재앙 때문에 두려움 속에 살아가고 있는 실정입니다. BC 3000년부터 1950년까지 약 1만 4,500건의 전쟁이 있었다고 합니다. 5000년 인류 역사 가운데 평화 기간은 단 8퍼센트에 불과합니다. 특히 2차 세계대전을 통해서는 전사자와 민간인 희생자들이 총 5천만 명을 넘습니다. 동원 병력만 1억 1천

인간의 죄는 전쟁과 같은 대재앙을 일으켜 하나님이 세우고자 하신 사랑의 공동체를 무너뜨린다.

만이었으며, 인류의 5분의 4가 전쟁의 소용돌이에 휘말렸습니다. 우리 나라도 전쟁의 화약고라 할 수 있습니다. 5천 년 역사 가운데 겪은 수 많은 전쟁들을 통해 이러한 전쟁의 비극을 경험해 왔으며, 지금도 한국 전쟁의 후유증으로 인해 가족과 동족이 찢어지고 분열되는 아픔을 겪 으며 살고 있습니다. 또한 언제 다시 전쟁이 일어날지 모르는 위기와 두려움 속에서 살아가고 있습니다.

한편 지구 곳곳에서는 수많은 사람들이 배고픔 때문에 고통당하며 죽어가고 있습니다. 유엔식량농업기구(FAO)가 발표한 「2005년 기아 희생자 보고서」를 보면 10살 미만의 아동이 5초에 1명씩 굶어 죽어가 고 있으며, 세계인구의 7분의 1인 8억5천만 명, 많게는 65억 인구의 약 20퍼센트가 심각한 영양실조 상태라고 보고하고 있습니다. 기아 희생 자는 2000년 이후 1,200만 명이나 더 늘어났으며, 매일 10만 명이라는 숫자가 기아나 영양실조로 인한 질병으로 죽어가고 있습니다. 이것은 비단 먼 나라 이야기가 아니라 북녘 땅에서도 일어나고 있는 슬픈 현실 입니다.

아이로니컬하게도 지구 한쪽에서는 이처럼 먹을 것이 없어서 굶어 죽어가고 있지만, 다른 한쪽에선 식량이 남아돌아 폐기처분하거나 가

인간의 죄로 인해 매일 10만 명의 사람들이 기아나 영양실조로 인 한 질병으로 죽어가고 있지만, 다 른 한쪽에서는 식량이 남아돌아 폐기처분하고 있다.

격 조정을 위해 수백만 마리의 소들이 한꺼번에 도살당하기도 합니다. 가격 유지와 이윤 극대화라는 경제주의 명령에 순종하기 위해 이러한 어처구니없는 일들이 일어나는 것이며, 결국 경제주의의 횡포로 인해 수많은 사람들이 굶어 죽어가는 타락의 현실 가운데 놓여 있습니다. 지금도 이 경제주의 우상이 전 세계를 장악하고 있으며, 그것은 우리의 이웃과의 관계에도 악영향을 끼치고 있습니다.

또 인성을 길러야 할 학교 현장에서는 왕따로 인해 심한 정신적·육체적 상처를 받거나 심지어 자살까지 하는 일들이 일어나고 있습니다. 상대방의 인격이나 내면의 가치를 바라보고 인정하는 것이 아니라 외적 이미지만으로 평가하는 시대적 분위기로 인해 그 기준에 미달되는 학생들이 결국 왕따를 당하는 일들이 많아지는 것입니다. 대부분 가해자들은 왕따를 통해 상대방을 지배하고자 하는 욕구와 동시에 자신의 위상을 높이고 싶어 하는 욕구를 가지고 있습니다. 더욱 안타까운 것은 가해자들이 대개 왕따를 당하는 친구들의 어려움을 거의 이해하지 못할 뿐 아니라 단순히 장난으로만 여기면서 자신의 행동에 대해 거의 죄의식이 없다는 점입니다. 자신의 행동이 잘못이라는 것을 인식하지 못

상대방의 인격이나 내면의 가치를 바라보고 인정하기보다 외적 이미지만으로 평가하는 시대적 분위기로 인해 그 기준에 미달되는 학생들은 왕따를 당하고, 자살이라는 극단적 선택을 하게 만들었다.

하기 때문에 그에 대한 책임감도 느끼지 못하는 것입니다.

낙태반대운동연합에 따르면 우리나라에서 시행되고 있는 연간 낙태 수술은 150만 건에서 200만 건에 이른다고 합니다. 이것은 전국적으로 하루 4,000명, 21.6초에 1명의 무고한 생명이 희생당하고 있음을 의미합니다. 프랜시스 쉐퍼는 오늘날 낙태가 증가하는 이유를 개방적인 성 풍속과 가정의 붕괴에서 찾았습니다. 또한 의료 전문인들과 사회 일반의 윤리관이 그 아이들을 고귀한 생명으로, 한 인격으로 바라보지 못하는 것으로 인해 낙태가 더욱 증가하고 있다고 지적합니다. 진화론에 영향을 받은 일부 낙태 지지자들과 전문의들은 그들이 행하는 낙태는 "태아를 절제하는 것이 아니라 단지 어류나 해파리류를 제거하는 것이다"라고 자신들의 입장을 정당화하기도 합니다. 지금도 어느 곳에서는 인간의 잘못된 생각과 이기적인 욕망으로 인해 무고한 생명들이 희생당하는 일이 이어지고 있습니다.

지금까지 이야기한 깨어진 인간관계의 예들은 빙산의 일각일 뿐입니다. 이것은 다른 사람을 더 이상 사랑의 대상이 아닌 판단의 대상, 심지

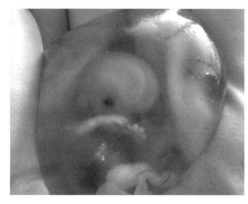

진화론에 영향을 받은 일부 낙태 지지자들은 낙태에 대해 "태아를 절제하는 것이 아니라 단지 어류나 해파리류를 제거하는 것이다"라고 자신들의 입장을 정당화한다.

어 자신의 욕망의 대상으로만 여기는 죄의 결과들입니다. 다시 말해 죄성에 기초한 자기중심적 사고방식의 결과입니다.

우리가 가지고 있는 고민과 어려움 역시 대부분 사람들과의 관계에서 비롯되는 것입니다. 그래서 대인 관계의 기술에 대한 책을 읽거나 세미나에 참여하는 등 대인 관계 문제를 해결하려고 노력합니다. 이것은 보다 원만한 인간관계를 만들어가는 데 분명히 도움이 될 것입니다. 그러나 깨어진 인간관계의 회복을 위해서는 보다 근원적인 해결책이 필요합니다. 그것은 바로 깨어진 인간관계의 원인인 죄의 문제를 해결하는 것입니다. 그렇게 될 때 자기중심적 사고에서 벗어날 수 있기 때문입니다.

죄는 더 이상 세상을 섬기지 않는 것이다

인간의 자기중심적 사고방식은 하나님과 인간의 관계뿐 아니라 피조물과의 관계에도 적용됩니다. 인간의 죄로 말미암아 피조물까지 함께 탄식하며 고통을 겪게 되었습니다(로마서 8:22). 땅이 가시와 엉겅퀴를 냄으로써 인간이 땀을 흘리며 수고를 하여야 양식을 얻을 수 있게 된 것 또한 인간의 죄에서 비롯된 결과였습니다(창세기 3:17~19). 이처럼 인간의 죄는 인간 자신뿐만 아니라 전 피조 세계에 영향을 끼칩니다.

죄로 말미암아 청지기로서 세상을 섬겨야 할 인간이 그 역할을 다하지 못해 하나님의 창조 세계는 파괴되어가고 있습니다. 인간은 세상을 관리해야 할 청지기직을 감당하기보다 자신의 욕망을 채우기 위해 세상을 황폐화시키며 착취하고 있습니다. 그 결과, 지금도 곳곳에서 피조 세계의 탄식 소리를 들을 수 있습니다. 인간의 탐욕과 불의로 인해 피조 세계가 고통당하고 있는 것입니다.

그 대표적인 예가 점점 심각해져 가는 환경오염 문제입니다. 지구의 온난화, 산성비, 오존층 파괴 등과 같은 환경오염의 결과로 인해 동식물의 개체수가 감소하거나 멸종하는 실정이며, 21세기 중반에는 현존하는 생물의 3분의 1에서 3분의 2가 지구상에서 완전히 사라질 전망입니다. 이러한 환경오염의 결과는 비단 동식물에게만 해당되는 것이 아닙니다. 오염된 환경은 부메랑처럼 돌아와 인간 자신을 심각하게 위협하고 있습니다. 오염된 공기로 인해 인간에게 피부병이나 호흡기 질환이 증가하고 있습니다. 오존층의 파괴로 인해 자외선에 직접 노출되면서 피부암, 백혈병, 백내장 등의 질병이 발생합니다. 오염된 먹거리는 우리의 몸속에 축적되면서 생명까지 위협하고 있습니다. 환경오염으로 인해 해마다 늘고 있는 홍수와 폭풍, 가뭄 등의 재해는 수많은 인명을 앗아가고 엄청난 손실을 일으키고 있습니다. 곳곳에서는 환경 문제로

인간이 세상을 관리해야 할 청지기직을 감당하기보다 자신의 욕망을 채우기 위해 세상을 황폐화시키면서 환경오염 문제가 심각해졌다.

인해 불어닥칠 대재앙의 위기에 대한 불안의 목소리가 커져만 가고 있습니다.

그렇다면 이러한 환경오염의 원인은 무엇일까요? 선진국의 무분별한 에너지 과소비 또한 환경오염을 일으키는 주범입니다. 개발도상국들 역시 경제 발전을 명목으로 공해를 일으키는 산업을 활성화하고 있습니다. 다국적 기업의 무분별한 시장 확대와 이윤 추구의 논리 역시 환경오염의 심각한 원인이라 할 수 있습니다. 경제 발전이 환경오염을 정당화할 수 있는 명목이 될 수 없습니다. 그러나 현실은 그렇지 않습니다. 개발과 발전이라는 목표로 인해 지구의 환경은 점점 파괴되고 있습니다. 이처럼 경제주의라는 우상은 사람과 환경을 고려하지 않고 피조 세계를 파괴하고 있습니다.

과학기술의 발전을 통해 인간의 삶을 보다 안락하게 할 수 있다는 생각 역시 환경오염을 일으키게 하는 원인이 됩니다. 예를 들어 자동차는 이동의 편리함을 주었지만 배기가스 배출로 인해 환경오염의 주된 원인을 제공했습니다. 합성세제들은 주부들의 가사 노동을 도와주었지만 그로 인해 수질은 심각하게 오염되었습니다. 보존과 관리를 고려하지 않는 이러한 진보주의라는 우상이 결국 환경오염이라는 결과를 낳게 한 것입니다.

오늘날 지구촌은 한쪽에선 넘쳐나는 부로 인해 쇼퍼홀릭이라는 말이 있을 정도로 소비주의의 노예가 되어 살고 있습니다. 그러나 다른 한쪽에선 한 끼의 식사를 걱정하면서 가난 속에 허덕이고 있습니다. 경제 발전이라는 목표 아래 전 세계가 점점 하나가 되어 갈수록 빈부 격차의 간격은 개인뿐 아니라 국가 간에도 커져가고 있습니다. 이러한 추세가

지속되는 한 세계 곳곳에서는 중산층이 점점 무너지고 빈민층이 증가하면서 더 많은 희생자들이 생겨날 것입니다.

자원들을 공평하게 재분배하고 균등한 경제적 기회를 주는 것이 바로 청지기의 사명이자 역할입니다. 그럼에도 불구하고 곳곳에서 점점 빈부 격차가 커져만 가는 것은 곧 인간이 청지기적 사명을 망각하고 불순종한 결과라고 할 수 있습니다. 경제의 절대화, 소비주의의 팽배, 그리고 그 밑바닥에 깔려 있는 물질주의적 가치관에 눌려 청지기적 역할을 수행하지 못하고 있는 것입니다.

지금까지 인간의 죄로 인해 하나님과의 관계가 단절된 것으로부터 시작해 그것이 인간과의 관계, 세상과의 관계에 어떠한 영향을 끼쳐왔는지 살펴보았습니다. 이는 원래 하나님께서 세상을 만드시고 보시기에 좋았더라고 하신 세상과는 전혀 다름을 알 수 있습니다.

한마디로 죄로 인해 하나님의 창조 세계 전부가 더럽혀졌고 모든 관계가 끊어지고 왜곡되어 있습니다. 우리의 죄로 인해 하나님과의 관계가 단절된 것입니다(이사야 59:2). 설상가상으로 죄의 영향력은 사람들과 세상과의 관계도 어그러지고 깨어지게 만들었습니다. 그 깨어진 관계에서 비롯된 수많은 고통과 절망이 세상에 가득차 있습니다. 이것이 이 세상의 문제와 고통의 원인이 무엇인가에 대한 성경적인 설명이며, 크리스천 씽킹의 두 번째 원리인 죄에 대한 생각입니다. 세상의 문제를 죄의 관점에서 바라보게 될 때 이 세상의 문제들이 단지 현실적인 문제가 아니라 죄와 관련된 영적인 문제임을 인식하게 됩니다. 그렇다면 그러한 죄의 문제를 해결하는 방법은 무엇일까요? 그것이 바로 크리스천 씽킹의 세 번째 원리인 '해결자 예수 그리스도 따르기'입니다.

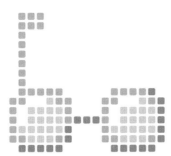

5장

해결자 예수 그리스도 따르기

크리스천 씽킹 3원리

예수님을 통해 하나님은 자신의 창조 세계가 죄의 강력한 영향력 아래에 있음에도 불구하고 포기하지 않으셨고, 나아가 이 세상을 만드신 본래의 목적을 이루고자 하는 강력한 의지를 가지고 계심을 알 수 있습니다. 하나님은 독생자까지도 내어줄만큼 자신이 만드신 세상과 사람을 사랑하십니다(요한복음 3:16). 그리고 이 세상을 회복시키려는 하나님의 뜻과 예수 그리스도의 희생적인 사랑을 통해 죄로 말미암아 무너졌던 창조 세계가 다시 일으켜 세워지는 일들이 시작되었습니다.

다양한 해결책들

|

1999년 4월 20일 미국 콜로라도 주 리틀턴 시에 위치한 콜럼바인 (Columbine) 고등학교에서 두 명의 학생이 총기를 난사하여 급우 12명과 교사 1명을 죽이고 자살한 사건이 있었습니다. 이 충격적인 비극이 일어난 후 그들의 범행 동기를 찾는 과정에서 다양한 의견들이 나왔습니다.

어떤 사람들은 인터넷, 영화, 텔레비전 프로그램, 컴퓨터게임과 같은 미디어의 폭력성 때문에 일어난 비극이라고 비판했습니다. 특히 사건

미국 콜럼바인 고등학교 총기 난사 사건에 대한 CCTV 화면과 마이클 무어 감독의 「볼링 포 콜럼바인」의 영화 포스터.

을 일으킨 한 학생이 헤비메탈 그룹 마를린 맨슨의 광팬이었음을 지적하고, 그의 음악의 폭력성을 문제 삼기도 했습니다. 그들이 제시한 해결책은 미디어 검열과 규제였습니다. 한편 심리학자들은 부모를 비롯한 어른들이 자녀들과 마음을 공유하지 못해서 일어난 일이기 때문에 정부에서 이를 위한 정책을 시행해야 한다고 주장했습니다. 이 사건을 다룬 다큐멘터리 영화 「볼링 포 콜럼바인(Bowling For Colombine)」을 만든 마이클 무어 감독과 같은 사람들은 미국 내 폭력과 총기 사용 문제가 이 사건의 직접적인 원인이며, 따라서 강력한 총기 규제가 필요하다고 주장했습니다. 이에 대해 총기 소유를 찬성하는 단체는 이러한 위험한 상황에서 여전히 자신을 보호할 충분한 무기가 없어서 13명의 희생자들이 발생한 것이므로 총기 소유는 더 활성화되어야 한다는 황당한 주장을 하기도 했습니다.

이처럼 사람들은 자기 나름의 생각대로 문제를 바라보고 문제의 원인뿐만 아니라 그에 대한 해결책까지 가지고 있습니다. 그렇다면 그리스도인들은 어떤 해결책을 제시할 수 있을까요? 세상의 모든 문제의 근본적인 원인을 죄에서 비롯된 것으로 본다는 점에서 기독교적 관점은 다른 의견들과 근본적인 차이가 있습니다. 따라서 그리스도인들은 다른 사람들과 달리 문제를 영적인 차원에서 바라보고 해결하려고 노력할 것입니다. 그러나 영적으로 접근한다고 해서 현실적인 문제가 저절로 해결되는 것은 아닙니다. 그렇기 때문에 그런 문제들이 다시 발생하지 않도록 하기 위해서는 영적인 측면을 토대로 한 현실적인 대안들이 필요합니다.

그런 면에서 위에서 나온 해결책이나 다른 해결책들 가운데 기독교적 입장에서 수용할 수 있는 것이라면 전적 또는 부분적으로 지지할 수 있을 것입니다. 이처럼 어떤 문제를 기독교적으로 해결한다는 것은 그 문제의 영적인 면과 동시에 현실적인 면 모두를 고려해야 한다는 것을 의미합니다.

이것은 죄로 인해 발생된 이 세상의 문제들에 대한 예수님의 해결 방식이었습니다. 예를 들어 자신의 병을 고침받기 위해 지붕을 뚫으면서까지 예수님을 찾아온 중풍병자에게 예수님은 죄 용서함에 대해 말씀하십니다. 그리고 그의 병을 치유해 주십니다. 그 집에 들어올 때 침상에 누워 있던 중풍병자는 나갈 때 자신이 직접 자신의 침상을 들고 걸어 나가 주변 사람들을 놀라게 했습니다.

예수님은 중풍병이라는 현실의 문제 배후에 있는 더 근원적인 죄의 문제를 먼저 바라보셨고, 그것을 해결해 주셨습니다. 동시에 육신의 병을 치유해 주시는 것도 잊지 않으셨습니다. 예수님은 병의 원인을 제거할 뿐만 아니라 병의 후유증까지도 돌봐주는 의사와도 같은 분이셨습니다. 그러므로 예수님의 해결책은 영적인 면과 현실적인 면 둘 다를 포함하는 것입니다. 크리스천 씽킹의 세 번째 원리인 예수님에 대한 생각은 예수님만이 인류와 세상이 직면한 문제들의 참된 해결자임을 알고 그분을 의지하는 것이라 할 수 있습니다.

16세기 유럽에서는 흑사병으로 수많은 사람들이 죽어갈 때 가족들마저 떠나 고통과 싸우며 외롭게 죽어가는 사람들이 많았습니다. 그때 그들에게 먹을 것을 주고 기도해 주는 그리스도인들이 있었습니다. 헌데 칼뱅은 더욱 적극적으로 행동했습니다. 그는 환자들의 영적·육적인 필요뿐만 아니라 흑사병의 확대를 막는 실질적인 방역을 실시했습니다. 컴패션이라는 단체는 가난한 어린이들을 먹이고 돌보는 구제사역으로 끝나지 않고 그 아이들에게 영적·정서적·사회적·육체적 도움을 주어 지역사회와 국가에 영향력을 발휘할 수 있는 전인적인 사회인으로 양성한다는 비전을 가지고 있습니다. 이는 죄의 결과에 대한 예수님의 해결 방식을 따르는 것입니다. 이처럼 예수님의 해결책은 단지 영적인 측면만이 아니라 하나님 말씀이라는 토대 위에 총체적 해결책이 무엇인지 보여주셨습니다.

구원이란 무엇인가?

배반 행위를 한 적이 없는 이가 희생을 자청해서

반역자를 대신해 죽임을 당하면,

돌탁자는 깨지고 죽음 그 자체가 원상태로 돌아가기 시작한다.

C. S. 루이스 『나니아 연대기: 사자, 마녀 그리고 옷장』 중에서

『나니아 연대기: 사자, 마녀 그리고 옷장』을 보면 나니아에는 결코 파기할 수 없는 두 가지 법이 있습니다. 첫째 법은 '반역 행위는 어떤 것이든 결국엔 죽음으로 끝이 난다'는 것입니다. 그래서 모든 반역자의 피는 마녀에게 속하게 됩니다. 둘째 법은 '반역자를 대신해 배반 행위를 한 적이 없는 자가 대신 죽으면 죽음의 문제가 해결된다는 것'입니다.

나니아의 이야기는 성경 이야기와 참 비슷한 점이 많습니다. 그러나

분명한 차이점은 나니아는 환상의 세계이지만 성경은 현실의 세계에 대해 이야기하고 있다는 사실입니다. 이것은 상상 속의 나라 나니아에 서만 존재하는 법이 성경에서는 실제 세상 속에서 적용되고 있음을 뜻합니다. 성경이 이야기하는 이 세상의 첫 번째 법은 바로 인간이 죄를 지으면 죽는다는 것입니다(로마서 6:23). 두 번째 법은 "하나님의 독생자이신 예수 그리스도가 그 죄인을 대신해 죽으심으로 말미암아 죄를 용서 받고 죄에서 구출될 수 있다는 것"(에베소서 1:7)입니다. 그리고 예수 그리스도는 십자가에 달려 죽으신 지 삼일만에 부활하셔서 그 두 번째 법을 온전히 이루셨습니다.

아슬란이 삼일만에 살아나서 아이들과 만나서 나누는 이야기를 통해 부활하신 예수님이 우리를 '생명(구원, 복음)으로 초대'하시는 사랑의 음성을 상상할 수 있습니다.

> 이것은 마녀가 모르는 마법이야. 더 심오한 마법! 결백한 자가 자진해서 자신의 생명을 다른 이를 위해 내어주는 마법이지. 이제 사랑스런 아이들아! 죽음은 원상태로 돌아가기 시작했단다. 내 안에서 다시 생명이 약동하고 맥박이 뛰는 것 같구나. 자, 달리고 놀자꾸나!
>
> C. S. 루이스 『나니아 연대기: 사자, 마녀 그리고 옷장』 중에서

성경은 죄인인 우리를 대신해 예수님께서 십자가에서 죽으심으로 말미암아 우리가 죄를 용서받고 죄에서 구출될 수 있다고 말합니다. 이것을 구원이라고 합니다. 세상 사람들이 이 단어를 어떤 의미로 이해하고 사용하고 있는지 알아보기 위해 인터넷에서 검색을 해본 적이 있습니

다. 그 결과, 구원을 의미하는 'restoration'이라는 영어 단어는 주로 찢어지고 빛바랜 사진을 복원하거나 컴퓨터에 문제가 생겼을 경우 복구할 때 사용됨을 알 수 있었습니다. 하지만 이것은 '앙꼬 없는 찐빵'과 같습니다. 참된 구원의 의미는 예수님과 연결이 될 때 해석될 수 있기 때문입니다.

사진이 복원되고, 컴퓨터가 복구되고, 죽었던 나무에서 새싹이 돋아나는 것처럼 예수 그리스도를 통해 우리의 절망적인 삶 속에서, 그리고 회복할 길이 없는 깨어진 관계 속에서 참된 회복이 일어나기 시작합니다. 예수님을 통해 진정한 회복과 영원한 회복이 이루어지는 것을 믿고 확신하는 사람들 그리고 예수님만이 죄로 인해 비롯된 세상의 문제들에 대한 진정한 해결자이심을 믿고 따르는 자들이 바로 그리스도의 제자들입니다.

빛바랜 사진을 복원하는 것을 'restoration'이라고 하지만, 이것이 진정한 의미의 구원과는 거리가 멀다.

예수님의 회복 프로젝트

이 땅 가운데 예수님의 사명은 한마디로 '회복'이라고 할 수 있습니다. 성경은 예수님께서 "잃어버린 자를 찾아 구원하려고"(누가복음 19:10), 그리고 더 나아가 "만물을 자기와 화목케 하려고"(에베소서 1:10; 골로새서 1:20) 이 땅에 오셨다고 말씀합니다. 물론 교회에서 영혼 구원에 대한 이야기는 많이 듣지만, 모든 만물의 회복과 관계의 회복과 관련된 구원에 대해서는 많이 듣지 못합니다. 따라서 영혼 구원과 만물 구원의 균형이 필요합니다. 코넬리우스 플랜틴가는 그의 책『기독 지성의 책임』에서 다음과 같이 말하고 있습니다.

> 만물이 선하게 창조되었고 만물이 타락했다면 만물이 구속함을 받아야 한다. 하나님께서는 '영혼'을 구원하는 것으로 만족하는 그런 분이 아니시다. 하나님은 '육체'도 구원하기 원하신다. 하나님께서는 인간의 개인적인 행동 반경 이내에서 구원하는 것으로 만족하지 않으신다. 하나님께서는 사회 제도와 경제 구조도 구원하기 원하신다. 경영 구조, 노동 구조, 국민 건강관리제도, 인종과 성과 계급 문제, 연예계의 왜곡된 형태 등도 구속함을 받아야 한다. '단 한 뼘의 땅'까지도 구속이 필요하다.

한 영혼을 살리는 것에서 시작해 모든 만물을 회복시키는 데까지 나아가는 이 거대한 회복 프로젝트를 위해 예수님은 이 땅에 가운데 오셨습니다. 그리고 그 사명의 바통을 그리스도의 제자인 우리에게 넘겨주셨습니다. 예수님을 통해 하나님은 자신의 창조 세계가 죄의 강력한 영향력 아래에 있음에도 불구하고 포기하지 않으셨고, 나아가 이 세상을 만드신 본래의 목적을 이루고자 하는 강력한 의지를 가지고 계심을 알 수 있습니다. 하나님은 독생자까지도 내어줄 만큼 자신이 만드신 세상과 사람을 사랑하십니다(요한복음 3:16). 그리고 이 세상을 회복시키려는 하나님의 뜻과 예수 그리스도의 희생적인 사랑을 통해 죄로 말미암아 무너졌던 창조 세계가 다시 일으켜 세워지는 일들이 시작되었습니다. 정말로 감사하고 기쁜 일이 아닐 수 없습니다. 하나님과의 관계 회복이 확장되어 사람들과 창조 세계와의 관계도 회복되어 갑니다. 이러한 회복을 통해 인간의 진정한 정체성인 하나님의 형상 역시 회복됩니다. 이 모든 것이 가능하게 되는 원동력은 결코 우리의 힘이 아닙니다. 자격이 없는 자에게 변함없이 사랑을 베푸시는 전적인 하나님의 은혜에서 비롯되는 것입니다.

하나님을 다시 아버지라고 부르다

그 아들은 일어나 아버지에게로 갔다. 그 아들이 아직 먼 거리에 있는데, 아버지가 그를 보고 불쌍히 여겨 달려가 아들을 끌어안고 입을 맞추었다. 아들이 아버지에게 말하였다. "아버지, 저는 하나님과 아버지 앞에 죄를 지었습니다. 저는 아버지의 아들이라고 불릴 자격이 없습니다." 그러나 아버지는 종들에게 말했다. "서둘러 가장 좋은 옷을 가져와서 아들에게 입혀라. 또 손가락에 반지를 끼워주고 발에 신발을 신겨라. 그리고 살진 송아지를 끌고 와서 잡아라. 우리가 함께 먹고 즐기자. 내 아들이 죽었다가 다시 살아났고, 잃어버렸다가 다시 찾았다." 그래서 그들은 함께 즐기기 시작하였다.

감옥에 갇힌 아들을 매일 보기 위해 아예 아들이 있는 감옥 근처로 이사를 갔다는 한 어머니의 이야기를 들은 적이 있습니다. 죄인을 반갑게 맞아주거나 사랑해 주는 것은 아무나 할 수 있는 일이 아닙니다. 아무리 못난 자식이라도 어머니에게는 변함없이 사랑스런 아들이기 때문에 가능한 것입니다.

돌아온 탕자 이야기에서도 그러한 사랑을 볼 수 있습니다. 허랑방탕한 생활로 인해 재산을 다 탕진한 아들에게 남은 것은 절망과 죄책감과 배고픔뿐이었습니다. 아들은 스스로 아들의 자격을 포기하고 자신의 문제를 해결하기 위해 아버지를 찾아갑니다. 그러나 아버지는 멀리서 아들의 모습이 보이자마자 달려가 목을 안고 입을 맞춥니다. 그리고 거지가 되어 돌아온 아들을 위해 좋은 옷과 가락지와 새 신을 준비하고 송아지를 잡아 잔치를 벌입니다. 아들은 스스로 자신이 자격이 없다고 생각했지만 아버지는 그를 변함없이 사랑했습니다.

이 이야기는 인간을 향한 하나님 아버지의 마음이 어떠한지 잘 보여주는 것입니다. 변함없는 아버지의 사랑을 통해 아들은 절망과 죄책감에서 벗어나 다시 아버지와의 관계가 회복될 수 있었던 것처럼 우리 역시 하나님의 사랑과 은혜로 말미암아 하나님을 다시 아바 아버지로 부를 수 있게 되었습니다.

죄로 인하여 하나님과 우리 사이에는 남북으로 갈라놓은 휴전선처럼 철조망이 가로막혀 있었습니다. 그래서 건너가고 싶어도 건너갈 수 없고 만나고 싶어도 만날 수 없었습니다. 하나님 안에서 쉼을 가지고 싶어도 우리가 하나님께 다가갈 수 있는 방법은 없었습니다. 아무리 자기 수양을 많이 하고 지식을 쌓고 선행을 한다 해도 우리의 어떤 노력으로도 하나님을 만날 수 없습니다.

예수 그리스도는 하나님과 우리 사이를 가로막고 있는 철조망을 걷어 버린 분이십니다. 또한 예수 그리스도는 하나님의 사랑이 우리에게 전달되도록 다리가 되어주신 분입니다. 예수 그리스도의 십자가의 사랑과 부활의 능력으로 인해 탕자와 같은 우리는 다시 아버지 하나님을 만날 수 있게 되었고, 아바 아버지라 부르며 그분과 감격의 포옹을 할 수 있게 되었습니다. 마치 수십 년 간 헤어진 채 그리움에 사무쳐 있다

「탕자의 귀환」 1668. 렘브란트. 유화.
262×205cm. 에르미타주 미술관.

가 극적으로 만난 이산가족의 감격처럼 말입니다.

회복된 하나님과의 관계를 통해 하나님을 다시 아버지라고 부를 수 있게 되면서 우리의 정체성 또한 회복되었습니다. 그것이 바로 하나님의 자녀라는 정체성입니다. 하나님은 인간과 단절된 관계를 회복하시기로 예정하셨고, 우리는 예수 그리스도의 피로 말미암아 죄사함을 받았습니다. 그리고 이것을 성령님이 보증해 주신다는 말씀의 근거 위에서 예수 그리스도를 영접한 자라면 누구나 하나님의 자녀가 될 수 있습니다. 하나님의 은혜는 우리의 죄를 사해 주시고 하나님의 자녀로 삼아 주시는 것뿐 아니라 여전히 우리 안에 있는 죄의 후유증에서 벗어나 점점 하나님의 자녀다운 삶을 살도록 이끌어주십니다.

예수를 믿는다는 것은 내 마음속의 주인이 더 이상 내가 아니라 예수님이심을 결단하는 것입니다. 예수 그리스도를 영접한다는 것은 내 마음에 하나님의 자녀다운 생각, 그리스도의 제자다운 생각, 성령님이 기뻐하실 만한 생각들로 내 마음을 가득 채우고 살겠노라 결단하는 것입니다. 물론 잡념이나 죄와 관련된 생각은 버려야 하지만, 기독교 신앙은 하나님 말씀에 기초한 위대한 생각들을 마음속에 채우는 것에 더욱 적극적입니다. 그것은 내 생각이 최고가 아니라 성경에 기초한 생각을 따라 사는 모험의 인생을 선택하는 것입니다.

하나님의 자녀라는 정체성은 때에 따라 생겼다가 사라지는 것이 아닙니다. 하나님의 부르심을 받아 다시 하나님의 자녀가 되었다면 그 순간부터 영원토록 변함없이 우리는 하나님의 자녀입니다. 그렇기 때문에 우리는 어느 때에든지, 어디에 있든지 그 정체성에 맞게 사는 것이 지극히 당연한 일입니다. 가정에서도, 교회에서도, 직장에서도, 학교에서도, 영화관에서도, 어디에서든지 하나님께 영광을 올려 드리며 하나님의 형상을 회복해 가는 것이 바로 하나님의 자녀로서의 자연스러운 삶입니다.

하나님은 이렇게 정체성이 회복된 자신의 자녀들을 세상 곳곳에 세우셔서 당신과의 관계가 회복되는 일들이 계속해서 일어나도록 할 것입니다. 또한 이들로 하여금 피스메이커가 되게 하셔서 관계가 깨어진 사람들 사이에서 용서와 화해가 일어나게 하실 것입니다. 그리고 신음하고 있는 피조 세계가 회복되어지는 일들이 일어나도록 하실 것입니다. 따라서 우리의 눈이 예수님을 바라볼 때에 문제의 해결책이 보이고 희망이 보이게 되는 것입니다.

사람들을 다시 하나님의 형상으로 바라보다

영화 「메리 크리스마스」는 1914년 12월 24일의 한 전쟁터로 우리를 데려갑니다. 하얀 눈이 내리는 가운데 춥고 축축한 독일군 참호 속에서 한 독일 병사가 부르는 「고요한 밤 거룩한 밤」 노랫소리가 잔잔하게 울려 퍼집니다. 그러자 믿을 수 없는 일이 일어납니다. 그 노랫소리는 어느새 합창이 되었고, 서로를 겨누던 총을 내려놓고 참호를 걸어 나와 "메리 크리스마스!"라고 인사하며 적들과 악수를 하기 시작했습니다. 이들은 방금 전만 해도 서로를 쏘아 죽일 수밖에 없는 적이었습니다. 그들은 함께 전사자들을 위해 장례식을 열고 기도하였으며, 담배를 나눠 피고, 서로 이발을 해주고, 서로의 가족사진을 돌려 보면서 웃음꽃을 피웠습니다.

이날의 하이라이트는 죽음의 땅 위에서 축구 경기가 펼쳐진 것이었습니다. 그 순간 그들은 더 이상 적이 아니었습니다. 하나님께서 이 날 그들과 함께 계셨을 것이고, 이들의 축구 경기를 정말 재미있게 관람하셨을 것입니다. 그리고 마음 깊이 기뻐하셨을 것입니다. 이것이 바로 하나님께서 원하신 인간 공동체의 모습이기 때문입니다.

하나님은 이 목적을 다시 회복시키기 위해 우리에게 예수 그리스도를 보내주신 것입니다. 예수 그리스도의 사랑은 서로를 향한 갈등과 미움이 아무리 크다 해도 깨어진 모든 인간관계를 회복시킬 만한 충분한 능력이 있습니다. 그렇기 때문에 깨어진 관계 속에서도 우리에게는 여전히 희망이 있습니다.

없앤다고요? 그걸 죽인다는 거예요? 다른 것들보다 작기 때문이죠?
작게 태어난 게 죄인가요? 나도 작게 태어났으면 죽일 건가요?

영화 「샬롯의 거미줄」 중에서

영화 「메리 크리스마스」의 포스터.

영화 「샬롯의 거미줄」을 보면 새끼 돼지 윌버가 태어나자마자 몸이 작고 약하다는 이유로 농장주로부터 도축당할 위기에 놓입니다. 하지만 농장주의 딸인 펀의 도움으로 윌버는 위기를 벗어나게 됩니다. 펀이 아빠에게 "작게 태어난 게 죄인가요? 나도 작게 태어났으면 죽일 건가요?"라고 던지는 질문은 곧 우리를 향해 던지는 질문인 것 같습니다. 우리 역시 상대방의 내면과 진정한 가치를 바라보려고 노력하기보다 자신의 선입견과 편견의 잣대로 상대방의 나약함과 부족함만 바라보면서 쉽게 평가하거나 심지어 무시할 때가 많습니다.

그 후 윌버는 길 건너편 펀의 삼촌네 농장에서 말과 거위와 거미와 함께 살게 됩니다. 거기서 윌버는 두 번째 위기를 맞이합니다. 새끼 돼지 윌버는 돼지들의 운명이 그렇듯 곧 다가올 크리스마스 만찬용 고기로 쓰인다는 것을 알게 된 것입니다. 그렇게 외롭고 불안한 상황에 있는 윌버에게 다가온 친구가 샬롯이라는 거미였으며, 샬롯은 윌버를 살릴 묘안들을 찾습니다.

대단한 돼지, 근사한 돼지, 눈부신 돼지, 겸손한 돼지

샬롯은 자신의 거미줄로 위와 같은 글자를 만들었습니다. 샬롯은 말에는 힘이 있다는 사실을 알았던 것 같습니다. 거미줄로 쓰인 그 기적의 글자를 보기 위해 사람들이 몰려옵니다. 그 글자를 본 사람들은 더 이상 윌버를 '식탁용 돼지'로 보지 않게 되었습니다. 놀라운 것은 그들 또한 샬롯이 그랬던 것처럼 윌버를 '대단한 돼지'로 보기 시작했다는 것입니다.

윌버 : 하지만 나는 근사하지 않아. 샬롯, 난 그냥 보통 돼지야.

샬롯 : 나한테는 네가 근사한 돼지야. 바로 그게 중요한 거야.

너는 나의 가장 친한 벗이고, 나한테는 네가 놀라워.

영화 「샬롯의 거미줄」 중에서

사실 윌버는 그의 말처럼 그냥 보통 돼지일 수 있습니다. 하지만 샬롯에게 윌버는 다른 돼지와는 다른 관계, 즉 우정을 나누는 친구였습니다. 그렇기 때문에 샬롯의 눈에는 윌버가 근사한 돼지로 보일 수밖에 없는 것입니다. 우리는 샬롯을 통해 사랑이 무엇인지 배우게 됩니다. 사랑은 상대방의 허다한 허물(약점)을 덮어주며, 사랑은 상대방의 존귀함을 보게 하며, 사랑은 서로의 관계를 더욱 견고케 하는 삼겹줄과 같습니다. 윌버는 샬롯의 그러한 사랑 덕분에 점점 근사한 돼지가 되고 겸손한 돼지가 되어갑니다.

예수님께서는 샬롯이 윌버에게 했던 것처럼 우리의 친구가 되어주셨습니다. 또 우리를 죄인이라 부르지 않으시고 그럴 만한 자격이 없는데

영화 「샬롯의 거미줄」의 한 장면과 거미 샬롯이 거미줄로 쓴 글씨를 보여주는 삽화.

도 우리를 의인이라고 불러주셨습니다. 그리고 샬롯이 친구 윌버를 위해 그랬던 것처럼 예수님은 우리의 죄를 대신해서 십자가에서 돌아가시기까지 우리를 사랑해 주셨습니다. 성경은 예수님의 사랑을 받은 우리에게 그분이 베푸셨던 사랑을 다른 사람에게 베풀며 살라고 말하고 있습니다.

> 무슨 일을 할 때, 이기적이거나 교만한 마음을 갖지 말고, 겸손한 마음으로 나보다 다른 사람을 더 존중해 주십시오. 자기 생활을 열심히 하면서 다른 사람이 하는 일에도 관심을 가져 내 마음에 기쁨이 넘치게 해주십시오. 예수님처럼 생각하고 행동합시다. 그분은 하나님과 똑같이 높은 분이셨지만, 결코 높은 자리에 있기를 원하지 않으셨습니다. 오히려 높은 자리를 버리시고, 낮은 곳으로 임하셨습니다. 사람의 모습으로 이 땅에 오시고 종과 같이 겸손한 모습을 취하셨습니다. 이 땅에 계신 동안 스스로 낮은 자가 되시며, 하나님께 순종하셨습니다. 예수님은 목숨을 버려 십자가에 달려 돌아가시기까지 하나님의 말씀을 따랐습니다.
>
> 빌립보서 23~8. 쉬운성경

평범한 돼지 윌버가 샬롯의 사랑과 섬김을 통해 '겸손한 돼지'로 성숙해 가듯이 우리 역시 예수 그리스도의 사랑과 희생으로 '겸손한 그리스도인'으로 변화될 수 있습니다. 샬롯이 윌버에게 한 것처럼 그리고 예수님이 우리에게 하신 것처럼 우리가 다른 사람들을 사랑할 때 그 사람은 하나님께서 창조하신 대단한 사람, 근사한 사람, 눈부신 사람, 겸손한 사람으로 변화될 수 있습니다.

다른 사람들에 대한 선입견과 편견을 던져 버리고 하나님의 형상으로 바라볼 수 있는 것, 그렇기 때문에 소중한 존재라고 말해 주고 진정으로 사랑하고 겸손히 섬기는 것, 이것이 바로 인간관계를 회복하는 결정적인 비결입니다.

그러나 현실을 바라볼 때에는 서로의 사소한 견해 차이, 성격 차이, 영성에 대한 경험 차이, 신학적 입장 차이, 실제적 문제들에 대한 해석 차이가 형제자매를 사랑하고 하나됨을 이루는 것보다 더 중요시될 때가 많습니다. 그 결과, 사랑의 공동체가 분열되고 상처만 남는 안타까운 일들을 여기저기서 보게 됩니다. 따라서 그리스도의 사랑을 받은 우리가 하나님께 영광을 올려 드리는 삶 외에 해야 할 또 다른 중요한 사명은 하나님이 기대하시는 사랑 공동체를 세워가는 일이라 할 수 있습니다.

사랑 공동체란 하나가 되는 것입니다. 초대교회를 보면 복음이 들어가는 곳마다 사람들의 관계가 변화되는 것을 볼 수 있습니다. 유대인과 이방인이, 주인과 종이, 남자와 여자가 서로 화해하고 하나가 되어 갔습니다. 인종, 계급, 성, 종족, 사회 집단 간의 모든 적대 관계가 예수 그리스도 안에서 해결이 된 것입니다. 예수 그리스도를 영접하는 이상 모두 하나님 아버지의 자녀이며, 동일한 성령의 인도하심을 받기 때문에 어느 누구도 다른 사람보다 우위에 있거나 열등하지 않게 되는 것입니다. 이처럼 예수 그리스도의 구원은 인간 관계를 회복하는 능력이 있습니다.

사랑의 공동체가 되는 구체적인 방법 중 하나는 험담(gossip)을 하지 않는 것입니다. 험담이란 남의 문제를 들추어 헐뜯는 것을 의미합니다.

험담은 문제 해결에 전혀 도움이 되지 않습니다. 자신의 답답하고 불편한 마음에서 시작된 험담은 사랑의 공동체에 금이 가게 합니다. 그렇게 생기기 시작한 금은 처음에는 별것 아닌 것처럼 보이지만 언제 공동체를 무너뜨릴지 모르는 위험한 요인이 됩니다. 실제로 공동체가 깨지는 원인을 찾아가다 보면 그것이 단순한 험담에서 비롯된 것임을 볼 때가 많습니다.

사랑의 공동체란 은혜를 나누는 것입니다. 이 세상에는 하나님의 은혜를 이미 받은 자와 아직 받지 못한 자, 두 종류의 사람이 있습니다. 하나님은 모든 사람에게 은혜 베풀기를 원하셨고, 예수님은 그 사명을 감당하기 위해 이 땅에 오셨습니다. 제람 바즈도 이에 대해 이렇게 말했습니다.

자신들을 세상에서 분리시키거나 교회 안에서 자신들만의 행복한 시간을 보내면서 세상의 골칫거리들에 대해 비판하고 잘못된 부분들을 한탄만 하며 일생을 보내라고 지구상에 존재하는 것은 아니다.

릭 워렌 목사의 『목적이 이끄는 삶』을 보면 다음과 같이 잃어버린 영혼을 향한 간절한 사랑을 느낄 수 있는 이야기가 있습니다.

아버지가 숨을 거두실 무렵, 나와 아내와 조카는 아버지 곁에 있었다. 아버지는 갑자기 생기가 돌아오셨고, 침대에서 일어나려고 하셨다. 물론 아버지는 너무 약하셨기 때문에 아내는 아버지를 다시 눕혀 드렸다. 하지만 아버지는 계속 침대에서 일어나려고 애쓰셨고, 그래서 아내는 이렇게 여쭤보았다. "아버님, 뭘 하고 싶으세요?" 아버지는 이렇게 대답하셨다. "예수님을 위해 한 명을 더 구해야 해! 예수님을 위해 한 명을 더 구해야 해! 예수님을 위해 한 명을 더 구해야 해!" 아버지는 계속 반복하셨다.

그 후 한 시간 동안 아버지는 그 말을 백 번 정도 하셨다. "예수님을 위해 한 명을 더 구해야 해!" 나는 눈물을 흘리며 아버지의 믿음에 대해 하나님께 감사했다. 바로 그 순간 아버지는 마치 명령을 하시듯, 약한 손을 뻗어 내 머리에 얹고 말씀하셨다. "예수님을 위해 한 명을 더 구해라! 예수님을 위해 한 명을 더 구해라!"

먼저 받은 그 은혜를 나누기 위해 우리가 할 수 있는 최선은 이와 같이 구령의 열정을 가지고 예수 그리스도의 회복의 기쁜 소식을 전하는 일입니다. 이를 위해서는 우리의 삶 자체가 또 하나의 기쁜 소식이 되어야 합니다. 그것은 하나님의 자녀답게, 예수 그리스도의 제자답게 사는 것입니다. 가정, 직장, 학교, 사회 속에서 사람들을 대할 때 그 안에 있는 하나님의 형상을 바라보며 존경해야 하며, 열심히 섬기고 사람들과의 관계 속에서 정직하게 사는 것입니다.

은혜를 나누는 삶이란 복음을 전하는 것뿐만 아니라 이웃들을 사랑하고 섬기는 삶이라 할 수 있습니다. 성경은 도움을 필요로 하는 누구든지 우리가 사랑해야 할 이웃이라고 말하고 있습니다(누가복음 10:25~37). 달라스 윌라드는 다음의 사람들이 바로 하나님의 사랑이 필요한 이웃들이라고 말합니다.

낙제생, 과락자, 공부에 지친 사람들, 수중에 땡전 한 푼 없는 사람들과

사랑의 공동체란 먼저 은혜 받은 사람이 구령의 열정을 가지고 예수 그리스도의 회복의 기쁜 소식을 전하는 것이다. 사진은 영화 「미션」의 한 장면.

파산한 사람들, 에이즈 환자와 성병 환자들, 뇌 손상자와 불치병을 앓는 사람들, 아이를 낳지 못하는 사람과 너무 자주 임신이 되거나 원치 않는 시기에 임신이 되는 사람들, 과잉 고용자들과 임시 고용자들, 실업자들, 고용 불능자들, 사기를 당한 사람들, 명예 퇴직한 사람들, 복직된 사람들, 자녀들과 함께 길에 나앉은 사람들, 독거노인들, 무능력자들, 저능아들, 감정이 메마른 사람들 또는 무감각한 사람들 등

이들의 공통점은 무엇입니까? 죄로 인한 고통과 슬픔 속에서 여전히 죄의 후유증에 시달리고 있는 사람들입니다. 그들은 하나님을 알지 못하는 자들일 수 있으며, 외롭고 절망 가운데 있는 자들일 수 있고, 생명의 위협까지 느끼는 위험에 처한 자들이거나 물질적인 도움이 필요한 자들일 수 있습니다. 하나님께서 우리에게 주신 물질과 시간과 에너지와 은사를 사용해 이러한 이웃들을 사랑하고 섬기는 것이 바로 사랑 공동체를 세워가는 일일 것입니다.

예수님이 그러셨던 것처럼 인간관계의 회복은 상대방을 하나님의 형

상으로 바라보면서 그들의 영적인 필요를 포함해 육적 · 정신적 · 관계적인 것 등 전반적인 필요를 파악하고 그 필요가 채워지도록 돕는 것에서 시작됩니다. 그리고 이를 통해 하나님과의 관계, 자신과의 관계, 이웃과의 관계, 세상과의 관계 가운데 회복의 삶을 경험하며 확장해 가도록 돕는 것이 바로 참된 이웃 사랑입니다.

재임용된 청지기의 삶을 살다

「나무를 심는 사람」을 보면 삭막한 황무지가 이어지는 알프스 산간 지역에 사는 한 양치기 노인이 등장합니다. 그는 비록 자기 땅은 아니었지만 나무가 없어 죽어가는 땅을 보고 묵묵히 나무를 한 그루씩 심습니다. 황무지가 점점 울창한 숲이 되는 것을 발견한 많은 사람들은 그 광경을 보고 감탄했습니다. 하지만 노인의 노고가 있었다는 것은 모른

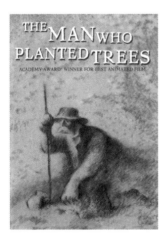

영화 「나무를 심는 사람」의 포스터.

채 숲이 저절로 생겼다고 생각했습니다. 그러나 노인은 사람들의 그런 판단에도 아랑곳하지 않고 계속 나무를 심었습니다.

결국 황무지가 울창한 숲이 되는 놀라운 변화가 일어납니다. 무서운 바람은 아름다운 미풍으로, 모래만 날리던 황무지는 푸른 초원으로, 말라 버린 계곡은 졸졸졸 물소리를 내는 개울로 바뀝니다. 한때 버려졌던 마을은 새로운 삶의 터전을 마련하기 위해서 온 사람들로 북새통을 이룹니다. 희망도 없고 이기심과 광기만 가득했던 황무지가 변하여 사람들의 웃음과 활기가 넘치는 그곳은 평화로움과 행복이 가득찬 곳이 되었습니다.

영화 「나무를 심는 사람」의 한 장면.

어떤 대가도 바라지도 않고 사람들의 시선이나 의식과는 상관없이 묵묵히 자기 일에 최선을 다한 노인이 없었다면 울창한 숲이 만들어지지 못했을 것입니다. 황량하고 무서운 바람을 맞으며, 때로는 철저한 고독과 역경 속에서도 몸부림치며 반평생을 보낸 그 사람이 없었다면 많은 사람들이 그 숲의 혜택을 누리지 못했을 것입니다.

노인의 이야기는 우리에게 청지기의 삶이 무엇인지 보여줍니다. 자신의 욕망과 쾌락을 위해 서로 으르렁대며 광기를 표출하는 타락한 세상은 황무지와 같은 곳입니다. 그 가운데 살아가는 청지기는 황무지에 나무를 심는 사람과도 같습니다. 청지기는 죄의 결과로 인해 깨어지고 파괴된 사막과 같은 현실을 바라보며 안타까운 마음을 가지는 사람입니다. 그리고 그곳에서 언젠가는 회복의 풍성한 열매들이 다시 주렁주렁 맺힐 것이라는 희망을 가지고 자신에게 주어진 역할을 묵묵히 해나갑니다. 그는 사람들이 알아주든 알아주지 않든 간에 인생의 유일한 관객이신 하나님만 바라보며 자신의 사명을 위해 최선을 다합니다.

그러한 청지기들이 황무지와 같은 죄 많은 세상에서 회복이라는 씨앗을 심어나갈 때 이 세상은 죄로 인한 고통과 절망의 황량하고 매서운 바람만 부는 황무지에서 기쁨과 행복과 평안의 열매가 가득한 세상으로 바뀔 것입니다. 이것이 바로 고통 가운데 신음하고 있는 피조물이 간절히 기대하는 바입니다. 이를 위해 하나님이 우리를 청지기로 재임용해 주신 것입니다. 그리고 예수님은 그들을 통해 만물 회복 사역을 이루어가길 소망하십니다.

피조물의 고대하는 바는 하나님의 아들들이 나타나는 것이니 피조물이 허무한 데 굴복하는 것은 자기 뜻이 아니요 오직 굴복케 하시는 이로 말미암음이라 그 바라는 것은 피조물도 썩어짐의 종노릇한 데서 해방되어 하나님의 자녀들의 영광의 자유에 이르는 것이니라

로마서 8:19~21

청지기는 절망의 땅을 희망의 땅으로 바꾸는 사람들입니다. 모래밖

에 없는 사막에 물을 공급하여 나무와 풀이 자라게 하고 농작물을 재배하여 그 열매를 거두는 사람들의 행복한 모습을 보여주는 광고를 본 적이 있습니다. 이것이 바로 청지기가 해야 할 일입니다. 죄로 인해 사막처럼 삭막해져 있는 이 세상에 오아시스처럼 생명의 생동감이 다시 살아나도록 하는 것이 바로 청지기의 사명과 비전입니다.

청지기는 미래지향적인 사고를 하는 사람들입니다. 그래서 다른 사람들이 절망적인 현실 가운데 낙망하고 있을 때 그들은 절망 속에서 오히려 희망의 미래를 바라봅니다. 그리고 그 희망이 이루어지도록 자신의 역할을 묵묵히 감당해 가는 사람들입니다. 어둡고 암담한 현실을 보며 세상을 탓하거나 원망하는 것이 아니라 자신이 먼저 세상을 회복하는 그리스도의 사역에 동참하는 사람들입니다.

각자의 영역에서 하나님의 목적을 발견하고 그것을 실현해 가기 위해 자신의 은사, 열정, 시간, 물질, 에너지 등 자신이 가진 모든 것으로 '올인'할 수 있는 사람들입니다. 그러한 청지기들이 가정과 교회뿐만 아니라 정치 · 경제 · 법 · 문화 · 복지 · 교육 · 환경 등을 포함한 삶의 모든 영역에서 일하게 될 때 곳곳에서 절망의 현실이 희망의 미래로 바뀌어가는 회복의 이야기들이 곳곳에서 들리게 될 것입니다.

삶의 현장에서 실천하는 크리스천 씽킹

지금까지 크리스천 씽킹의 세 가지 원리에 대해 살펴보았습니다. 각각의 원리가 가지는 성경적인 의미가 무엇이며, 각각의 원리를 통해 하나님과 인간과 세상의 관계가 어떻게 변화되어 왔는지에 대해서 이야기를 나눴습니다.

하나님은 이 세상을 만드신 창조주로서, 그리고 온 세상을 다스리는 통치자로서 당신이 높임을 받으시고 예수 그리스도의 회복 사역을 통해 죄의 영향력이 사라지고 온 세상에 평화가 가득해지기를 원하십니

질문들	이 세상의 기원과 목적은 무엇인가?	이 세상의 기원과 목적은 무엇인가?	이 세상의 기원과 목적은 무엇인가?
핵심 주제 & 내용	**하나님** : 이 세상을 만드신 창조주, 지금도 온 세상을 다스리는 분	**죄** : 하나님의 뜻에 대한 인간의 불순종, 생각과 삶에 있어 하나님이 아닌 자신이 주인이 됨	**예수 그리스도** : 십자가의 희생과 부활의 능력을 통해 깨어진 하나님과 인간과 세상과의 관계를 회복시켜 주심
하나님 관계	**인간을 창조하신 목적** : 하나님께 영광을 올려 드리는 존재로 사는 것	더 이상 하나님이 아니라 자신이 주인이 되거나 우상을 숭배함	하나님을 다시 아바 아버지로 부를 수 있게 됨, 하나님의 형상이 다시 회복되며 하나님 나라 시민권자로서의 정체성을 가지게 됨
인간 관계	**인간 공동체를 창조하신 목적** : 서로 존중하고 돕는 사랑의 공동체를 건설하는 것	자기중심적 사고방식으로 다른 사람을 판단함, 사랑의 공동체가 약육강식과 적자생존의 경쟁사회로 변함	자기중심적 사고방식에서 벗어나 다른 사람을 하나님의 형상으로 바라보게 됨, 하나됨을 이루고 은혜를 나누면서 사랑의 공동체를 회복하게 됨
세상 관계	**세상을 창조하신 목적** : 하나님의 영광을 나타내기 위함, 우리로 하여금 세상을 관리하고 개발하는 청지기로 삼아주심	청지기직을 직무유기함, 오히려 창조 세계를 자신의 탐욕을 채우기 위한 수단으로 남용	청지기로 재임용됨, 각자의 영역에서 자신에게 주신 달란트를 가지고 절망의 현실을 희망의 미래로 바꾸어 가는 사명을 가지게 됨

크리스천 씽킹의 3원리

다. 이것이 그분의 뜻입니다. 우리는 충성된 제자로 살기 위해 크리스천 씽킹의 원리와 의미를 이해하는 것으로 만족해서는 안 됩니다. 하나님의 뜻을 이루기 위해 그 생각대로 꿈꾸고 원리들을 삶의 현장에서 실천해 가야 할 것입니다.

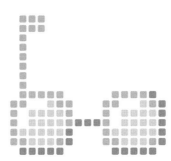

6장

생각하는
그리스도인의 꿈

보이지 않는 생각이 꿈을 낳고, 그 꿈은 한 사람의 인생 가운데 열매를 맺습니다. 그리고 그 영향력은 자신뿐만 아니라 다른 사람들에게도 끼치게 됩니다. 결국 어떤 생각에서 생겨난 꿈인가에 따라 자신을 포함한 사람들을 파멸로 이끌 수 있고, 자유와 생명으로 이끌 수도 있게 되는 것입니다. 크리스천 씽킹의 세 가지 원리는 우리로 하여금 하나님이 원하시는 꿈을 꾸고 그것을 위해 인생을 살아가도록 이끌어줄 것입니다.

꿈은 이루어진다!

나에게는 꿈이 있습니다. 조지아 주의 붉은 언덕에서 노예의 후손들과 노예 주인의 후손들이 형제처럼 손을 맞잡고 나란히 앉게 되는 꿈입니다.

나에게는 꿈이 있습니다. 이글거리는 불의와 억압이 존재하는 미시시피 주가 자유와 정의의 오아시스가 되는 꿈입니다.

나에게는 꿈이 있습니다. 내 아이들이 피부색을 기준으로 사람을 평가하는 것이 아니라 인격을 기준으로 사람을 평가하는 나라에서 살게 되는 꿈입니다.

...

내 꿈이 실현되는 날이 반드시 올 것입니다. "나의 조국은 아름다운 자유의 땅, 나는 조국을 노래 부르네. 나의 선조들이 묻힌 땅, 메이플라워 호를 타고온 선조들의 자부심이 깃들어 있는 땅, 모든 산허리에서 자유의 노래가 울리게 하라!" 주님의 모든 자녀들이 이 구절을 새로운 의미로 암송할 수 있게 될 날이 올 것입니다. 미국이 위대한 국가가 되려면 우리의 꿈은 반드시 실현되어야 합니다.

...

마틴 루터 킹. 1963년 8월 28일 워싱턴 행진 연설 중에서

17세기 초 버지니아 주에 20여 명의 흑인이 끌려오는 것을 시작으로 미국에서 흑인들은 4백 년 동안 노예로 살아왔습니다. 1863년에 링컨 대통령이 노예 해방을 선언하고 남북전쟁을 통해 그것이 이루어졌지만 인종차별의 벽은 쉽게 허물어지지 않았습니다. 그 후 흑인 해방의 꿈은 지속되었고, 인종차별 없는 세상을 꿈꾸었던 마틴 루터 킹 목사도 그 꿈을 위해 자신의 모든 것을 바쳤습니다. 1968년 암살당하기 직전의 한 인터뷰에서 킹 목사는 다음과 같이 이야기했습니다.

전 여러분과 함께 약속의 땅으로 가지 못할지도 모릅니다. 하지만 여러분만은 오늘 밤 이 사실을 아셨으면 좋겠습니다. 우리는 인간으로서 그 곳에 가게 될 것이라고.

흑인이기 때문에 당했던 서러움과 핍박 속에서도 마틴 루터 킹 목사의 꿈은 수많은 흑인들과 인권운동가들의 꿈으로 이어졌습니다. 결국 건국 232년 만에, 그리고 노예 해방 이후 146년 만에 버락 오바마 (Barack Hussein Obama)가 미국의 44대 대통령으로 당선됨으로써 마

흑인 인권운동가인 마틴 루터 킹 목사와 흑인 최초로 미국 대통령이 된 버락 오바마.

틴 루터 킹 목사의 꿈은 현실이 되어가고 있습니다.

꿈은 이루어집니다! 그것이 단지 개인의 꿈이 아니라 온 세상을 위해 필요한 꿈이라면 그것은 반드시 이루어집니다. 그것은 하나님의 꿈이기 때문입니다. 마틴 루터 킹 목사는 하나님의 꿈을 꾸었고, 그 꿈은 후손들에게 이어져 점점 현실이 되어가고 있습니다. 마틴 루터 킹 목사의 꿈은 인종차별이라는 세상의 문제에 대해 애통하는 마음과 그 문제를 해결하기 위해 자신의 삶을 기꺼이 헌신하겠노라는 가슴의 뜨거움에서 비롯된 것입니다. 이것은 하나님께서 주신 마음이었습니다.

생각이 꿈을 만든다
|

꿈은 저절로 생겨나는 것이 아닙니다. 생각이 꿈을 만듭니다. 어떤 것에 가치를 두고 생각하느냐에 따라 꿈의 종류도 달라집니다. 주목할 점은 그 꿈이 크면 클수록, 그리고 그 꿈이 다른 사람의 꿈이 될수록 실

양육강식과 적자생존의 진화론에 가치를 두고 인간 세계에 적용하여 세계적으로 비극적인 대재앙을 초래한 아돌프 히틀러.

현될 가능성이 높아진다는 것입니다. 그로 인해 자신뿐만 아니라 다른 사람에게도 (그것이 긍정적이든 부정적이든) 큰 영향을 끼치게 됩니다. 아돌프 히틀러(Adolf Hitler)와 윌리엄 윌버포스(William Wilberforce)의 이야기는 생각이 꿈이 되어 어떠한 결과를 낳게 되는지 보여주는 대조적인 사례입니다.

히틀러는 "나의 투쟁"이라는 글에서 자신의 생각과 꿈을 다음과 같이 이야기하고 있습니다. "인간은 단지 싸우는 동물이다. 나의 꿈은 아리안 족이 가장 진화된 인종임을 보여주는 것이다." 히틀러의 생각은 한마디로 진화론에 기반을 두고 있었습니다. 그래서 약육강식과 적자생존의 진화론이 동물의 세계뿐만 아니라 인간의 세계에서도 적용될 수 있다고 이해했습니다. 히틀러의 생각이 그의 꿈을 낳았습니다. 그것은 독일 민족이 약육강식과 적자생존의 세계 속에서 가장 돋보이는 최고의 민족임을 보여주는 것이었습니다. 결국 그의 꿈은 전 유럽에 비극적인 결과를 초래했습니다. 히틀러의 잘못된 생각과 꿈으로 말미암아 대부분의 유럽은 전쟁으로 인해 황폐해졌으며, 대다수의 유대인을 포함한 600만 명의 사람들이 독가스실에서 혹은 생체 실험 등으로 사망하고 말았습니다.

이와 대조적으로 윌버포스는 25세 때 예수님을 영접한 후로 새로운 꿈을 가지게 되었습니다. 그것은 노예 매매 제도를 폐지하는 것과 영국의 풍습을 개혁하는 것이었습니다. 이처럼 그의 신앙은 생각의 토대가 되었고, 그 생각은 세상을 회복하는 꿈을 낳았던 것입니다. 윌버포스는 이 꿈을 이루기 위해 1780~1825년까지 영국 국회의 하원의원으로 활동했습니다. 노예제도를 반대한다는 이유로 테러 위협을 받을 만큼 위

영국의 노예 매매 폐지를 이끌어낸 윌리엄 윌버포스.

험한 경우도 있었지만, 그의 노력 덕택에 1807년에 노예 매매가 영국에서 폐지되었습니다. 또한 그는 죽기 전에 노예가 완전히 해방되는 것을 보게 되었습니다. 노예제도가 폐지된 것이 비단 윌버포스의 노력만으로 이루어진 것은 아닐 것입니다. 그러나 그는 영국에서 노예제도를 폐지하는 데 결정적인 역할을 한 사람임에는 틀림없습니다.

이처럼 보이지 않는 생각이 꿈을 낳고, 그 꿈은 한 사람의 인생 가운데 열매를 맺습니다. 그리고 그 영향력은 자신뿐만 아니라 다른 사람들에게도 끼치게 됩니다. 결국 어떤 생각에서 생겨난 꿈인가에 따라 자신을 포함한 사람들을 파멸로 이끌 수 있고, 자유와 생명으로 이끌 수도 있게 되는 것입니다. 크리스천 씽킹의 세 가지 원리는 우리로 하여금 하나님이 원하시는 꿈을 꾸고 그것을 위해 인생을 살아가도록 이끌어 줄 것입니다.

꿈을 꿀 수 있다는 것은 축복이다

하나님이 인간에게 주신 가장 큰 선물 중 하나는 꿈을 꿀 수 있는 능력입니다. 보이는 현상은 눈을 통해서 바라보지만, 꿈은 마음을 통해서 바라볼 수 있습니다. 찾으려고 하는 표적이 가까이 있을수록 더욱 큰 소리를 내는 탐지기처럼 우리가 자신의 꿈을 발견하게 될 때 우리의 가슴은 뛰기 시작합니다. 이렇게 가슴이 뛴다는 것은 내가 살아 있음을 입증하는 것이기도 합니다.

꿈은 우리를 가두고 있는 과거와 현재의 모든 장애물을 벗어버리고 미래라는 가능성의 땅, 아직 한 번도 경험해 보지 못한 미지의 땅으로 우리를 인도합니다. 그 속에서 우리는 한계 상황이라는 틀에서 벗어나 자유와 행복을 경험합니다. 꿈은 고통과 슬픔이 가득한 현실의 삶을 인내할 수 있는 힘을 제공하며, 그것을 해결하여 소망이 현실이 되도록 우리에게 힘을 공급해 줍니다.

이 세상 사람들을 크게 두 부류로 구분한다면 꿈이 있는 사람과 꿈이 없는 사람입니다. 그 중에서 꿈이 있는 사람은 다시 두 부류로 나뉩니다. 꿈만 꾸는 사람과 꿈을 실현하는 사람입니다. 꿈을 실현하는 사람은 또다시 두 종류의 사람으로 나뉩니다. 자신만의 꿈을 이루며 자아성취에 만족하는 자와 자신의 꿈을 통해 이웃을 섬기고 세상을 보다 더 나은 곳으로 만들어 가는 자입니다.

이런 의미에서 볼 때 이 시대는 꿈꾸지 않는 시대인 것 같습니다. 집을 장만하고 자식들을 좋은 대학에 보내고 부자가 되어 여유 있는 삶과 노년의 행복을 꿈꾸는 자들은 많습니다. 하지만 자신의 인생을 헌신

하여 더 나은 세상을 이루기 위해 꿈꾸는 사람들은 찾아보기 힘듭니다. 많은 사람들이 꿈에 관심이 많고 자신의 꿈을 이야기하지만 참된 꿈을 향해 가슴 뛰는 자가 많지 않다는 것입니다.

여러분들도 아시다시피 저는 하는 일마다 행운이 따라 주어 엄청난 돈을 벌었습니다. 제가 상상했던 것보다 훨씬 더 많이, 평생 써도 못 쓸 만큼 말이지요. 저의 가족이 필요로 하는 것보다 훨씬 많은 돈을 벌었습니다.

솔직히 말씀드리자면, 제가 그처럼 많은 돈을 벌려고 애썼던 동기는 단순합니다. 돈으로 사람을 사서 제가 하기 싫은 일을 맡기려는 것이었습니다. 그런데 제 대신 다른 사람이 결코 해줄 수 없는 일이 한 가지 있습니다. 그것은 바로 제 인생의 꿈(목적)을 발견해서 그것을 성취하는 것입니다. 그것을 발견할 수만 있다면 저는 어떤 대가든 지불할 준비가 되어 있습니다.

오스 기니스, 『소명』 중에서

위의 고백은 많은 사람들의 선망의 대상이요 성공의 모델로 여겨지는 한 저명한 사업가가 자신의 성공담을 이야기하면서 결국 숨겨진 자신의 깊은 내면의 문제를 털어놓은 것입니다. 자신의 삶이 겉으로는 성공한 인생처럼 보일지 모르나 자신의 참된 꿈을 찾지 못했다는 것을 고백하고 있습니다. 그에게 있어 꿈의 문제는 지금까지 자신이 이루어 놓은 것과 맞바꿀 수 있을 정도로 중요하고 갈급한 문제였습니다. 이것은 비단 그 사업가만의 문제가 아니라 이 시대를 살고 있는 많은 사람들이 애타게 찾고 있는 문제이기도 합니다.

성경은 꿈이 없는 사람은 망한다고 말하고 있습니다(잠언 29:18). 미래에 대한 꿈이 없으면 사람들은 자제력을 잃어버리고 자기 발전을 위해 노력하지 않게 됩니다. 결국 절제와는 무관한 삶을 살게 되어 방종한 생활을 하기 때문입니다. 꿈은 개인과 세상 둘 다를 세우는 데 없어서는 안 될 것입니다. 인류는 지금까지 자신의 꿈을 통해 보다 더 나은 세상을 만들어 간 사람들에 의해 발전되어 왔습니다. 그들을 통해 인류가 직면한 문제들이 해결되었으며, 많은 사람들이 그 혜택을 입었습니다. 이 시대는 경제적 붕괴의 위협, 사회 집단들의 분열, 윤리의 부재, 종교적 갈등, 생태계의 파괴 등 인류의 존폐 위기를 이야기할 정도로 힘든 상황 속에 처해 있습니다.

그러므로 이 시대는 어느 시대보다 자신의 참된 꿈을 발견하고 그것을 통해 이 세상을 회복하는 데 기여하는 사람들이 더욱 필요한 시대가 되었습니다. 하나님은 우리가 그러한 꿈의 사람이 되도록 창조하셨고 인도하고 계십니다. 아주 오래 전부터 하나님은 우리를 향한 계획을 가지고 계셨습니다. 하나님의 위대한 꿈을 이루시는 데 우리를 사용하기로 작정하셨다는 것을 성경은 다음과 같이 말하고 있습니다.

> 오직 그리스도 안에서만 우리는 우리가 누구인지 그리고 우리가 무엇
> 을 위해 사는지를 알 수 있다. 우리가 그리스도를 알기 전에, 어떤 소망을
> 갖기 전에 하나님은 이미 우리를 눈여겨보셨고 만물과 만인 가운데서 역
> 사하는 목적의 한 부분으로서의 영광스러운 삶을 이미 계획해 놓으셨다.
>
> 에베소서 1:11, 메시지 신약

하나님도 꿈을 꾸신다

하나님도 그것만 생각하면 가슴이 뛰는 꿈을 갖고 계실까요? 하나
님의 꿈은 무엇일까요? 그것은 한마디로 하나님 나라에 대한 꿈이라고
할 수 있습니다. 하나님 나라란 하나님의 주권이 인정되는 나라입니다.
독도가 우리 땅이고, 대마도가 일본 땅이고, 하와이가 미국 땅인 이유
는 그곳이 본토와 떨어져 있지만 그 나라의 법이 통치하고 있기 때문입
니다. 이처럼 하나님 나라란 교회와 가정과 같은 제한된 영역에만 해당
되는 것이 아니라 하나님의 뜻이 선포되고 이루어지는 곳이라면 어디
나 하나님 나라입니다. 하나님은 온 세상이 죄의 영향력에서 벗어나 하
나님 나라가 이루어지길 꿈꾸고 계십니다.

하나님이 꿈꾸는 나라는 곧 평화와 기쁨이 가득한 세상입니다. 죄로
말미암아 깨어졌던 하나님과 이웃과 세상과의 관계들이 회복되어 샬롬
이 가득한 세상입니다. 이것이 바로 세상을 향한 하나님의 꿈이며, 다

음의 말씀 속에서도 잘 드러납니다.

> 그 때에 이리가 어린 양과 함께 거하며 표범이 어린 염소와 함께 누우며 송아지와 어린 사자와 살찐 짐승이 함께 있어 어린아이에게 끌리며 암소와 곰이 함께 먹으며 그것들의 새끼가 함께 엎드리며 사자가 소처럼 풀을 먹을 것이며 젖 먹는 아이가 독사의 구멍에서 장난하며 젖 뗀 어린아이가 독사의 굴에 손을 넣을 것이라.

이사야 11:6~8. 표준새번역

하나님께서 이러한 꿈을 갖고 계신다는 것은 예수님의 삶과 사역을 통해서 분명히 드러납니다. 예수님의 최고 관심사는 하나님 나라에 대한 것이었기 때문입니다. 그리고 예수님의 삶도 하나님 나라를 증거하는 것이었습니다. 예수님은 병자들의 병을 치료하시고, 귀신을 내쫓으시고, 물 위를 걸으시고, 혼인 잔치에서 포도주를 만드신 일 등 이 세상을 다스리고 계신 하나님의 능력을 보여주셨습니다. 또한 예수님은 십자가와 부활을 통해 죽음의 권세까지 이기셨습니다. 이러한 사역은 하나님 나라가 이루어졌음을 세상 가운데 선포하시고 보여주시는 것이었

이사야 선지자는 하나님 나라에서는 사자와 어린 양이 함께 거할 것이라고 묘사했다.

습니다. 이처럼 예수님을 통해서 하나님 나라가 가까이 오게 되었습니다(마가복음 1:15). 그리고 예수님을 통해 세상 속에서 죄의 영향력은 사라져가고 기쁨과 평화가 찾아오기 시작했습니다. 예수님의 능력을 입었던 앉은뱅이, 소경, 문둥병자, 중풍병자, 귀신들린 자들의 기쁨과 평안을 통해 세상 속에 하나님 나라가 확장되어 간 것입니다. 이 평화는 세상에서 얻을 수 없는 것이며, 우리의 생각으로는 온전히 이해할 수 없는 것입니다.

예수님을 통해 기쁨과 평안을 얻은 사람들에게 있어서 이 세상은 더 이상 고통과 신음만 가득한 눈물의 골짜기가 아닙니다. 또한 이 세상은 더 이상 무한경쟁 속에 죽고 죽이는 살벌한 전쟁터도 아닙니다. 오히려 이 세상은 예수님을 통해 평화의 세상이 되어가고 있습니다. 이것이 하나님의 꿈입니다. 그러나 여전히 세상 가운데에는 질병과 고통이 자리 잡고 있습니다. 아직도 회복되지 못하고 깨어진 관계들과 해결되지 못한 문제들이 수없이 널려 있습니다. 예수님은 이 세상에서 하나님 나라를 위해 일하셨지만, 아직도 하나님 나라를 위해 해야 할 일을 많이 남겨두셨습니다. 그리고 이 세상에서의 마지막 말씀으로 제자들에게 다음과 같이 명령하셨습니다.

그러므로 너희는 가서 모든 족속으로 제자를 삼아 아버지와 아들과 성령의 이름으로 세례를 주고 내가 너희에게 분부한 모든 것을 가르쳐 지키게 하라

마태복음 28:19~20

이 말씀은 하나님 나라의 꿈에 동참하라는 예수님의 초대입니다. 하나님은 그분의 나라에 대한 꿈을 꾸셨고 예수님을 통해 이 땅 가운데 하나님 나라가 회복되도록 하셨습니다. 그리고 예수 그리스도의 제자들을 초대하셔서 그 꿈을 이루어가길 소망하십니다. 이를 위해 지금까지 수많은 그리스도의 제자들을 사용하셨고, 우리들 역시 사용하셔서 하나님 나라를 회복해 가실 것입니다. 그리고 다시 오실 예수님을 통해 온전한 하나님 나라를 이루실 것입니다. 이것이 바로 세상을 향한 하나님의 꿈이며, 이 세상을 향한 하나님의 마스터플랜입니다.

나를 향한 하나님의 꿈

하나님은 나를 향한 꿈을 가지고 계십니다. 나를 향한 하나님의 꿈은 먼저 내가 자신을 사랑할 수 있도록 하는 것입니다. 자신에 대해 어떤 생각을 가지고 있느냐가 자신의 행동에 영향을 주며, 결국 자신의 인생을 결정합니다. 자신을 실패자로 이해한다면 실패자처럼 행동할 것이고, 결국 좌절감 속에서 인생을 괴로워하며 살아가게 될 것입니다. 그러나 반대로 자신에 대해 가치 있다고 생각하면서 살아간다면 스스로를 존경할 뿐만 아니라 다른 사람 역시 자신을 존경하게 될 것입니다.

눈이 내리는 어느 겨울날 한 농부가 산에 나무를 하러 갔다가 땅에 떨어져 죽어가는 독수리 새끼 한 마리를 발견했다. 농부는 새끼 독수리를 집으로 데리고 왔고, 키울 곳이 마땅치 않아 닭장 속에 넣어서 다른 닭들과 함게 있게 했다. 새끼 독수리는 시간이 지날수록 건강해졌다. 그러나 자신이 독수리임을 잊어버린 채 닭들의 생활을 닮아가기 시작했다. 닭들이 하는 것처럼 모이를 쪼고 '구구' 소리를 내며 닭처럼 울었다.

그러던 어느 날 닭장 밖을 바라보는데 창공을 날아가는 멋진 새가 보였다. 새끼 독수리는 그 멋진 모습에 감탄하며 "저 새의 이름이 뭐죠?"라고 다른 닭들에게 물었다. 그러자 한 늙은 닭이 이렇게 대답했다. "저 새는 새들 중에서 가장 훌륭하고 멋진 독수리라는 새야. 그에 비하면 우리는 우리에 갇힌 닭일 뿐이야." 새끼 독수리는 멀리 날아가는 독수리가 너무나 부러웠다. 하지만 풀이 죽은 채 그 늙은 닭의 말을 인정할 수밖에 없었다.

우리 역시 우리에 갇힌 새끼 독수리처럼 자기 자신의 참 모습을 보지 못하고, 주변 환경에 비친 자신의 모습이 전부인 것처럼 이해하며 살 때가 많습니다. 이것은 결국 열등감에서 비롯되는 부정적인 자아상입니다. "난 아름답지 못해. 난 결코 성공할 수 없어. 난 저 사람에게 비해 잘하는 게 하나도 없어. 난 저 사람보다 노래를 잘 부르지 못해. 우리 집 형편을 볼 때 나는 성공하기 힘들어." 이처럼 자기를 부정적으로

나를 향한 하나님의 꿈은 내가 먼저 나 자신을 사랑할 수 있도록 하는 것이다.

바라볼 때 자신에 대해 스스로 비판하게 되고, 늘 다른 사람과 비교하면서 열등감에 빠질 때가 많아집니다. 이런 부정적인 생각은 자신의 행동과 인생을 제한하게 되고, 결국 자신을 평생 닭이라고 생각하며 신세한탄만 하는 독수리와 같은 인생을 살게 만듭니다.

인간은 열등감뿐만 아니라 자만심에 기초한 부정적 자아상을 가질 때도 많습니다. "그 문제는 나만이 풀 수 있어. 내가 없는데 그 일들이 잘 진행될까? 역시 나는 뭐든지 마음만 먹으면 잘할 수 있단 말이야." 이런 생각이 자신감 있고 자기를 사랑하는 것처럼 보이지만 과장되고 극단적인 표현 역시 자신의 참된 모습을 발견하는 데 있어서 큰 장애물이 됩니다.

이처럼 열등감과 자만심이라는 관점으로 자신을 바라보며 사는 사람은 자신뿐만 아니라 다른 사람들과 모든 상황에 대해서도 왜곡되고 부정적인 시각으로 바라보게 됩니다. 이런 사람은 결코 자기 자신을 진정으로 사랑할 수 없습니다. 더 나아가 자신을 사랑할 수 없다면 하나님과 다른 사람도 사랑할 수 없습니다. 나를 향한 하나님의 꿈은 닭장에 갇힌 독수리가 닭장에서 해방되어 날개를 치며 하늘을 나는 것처럼 우리로 하여금 열등감과 자만심이라는 우리에서 벗어나 푸른 하늘을 마음껏 날아오르도록 하는 것입니다. 다시 말해 나 자신을 사랑할 수 있는 사람으로 변화시켜서 하나님과 다른 사람도 사랑할 수 있는 사람이 되도록 하는 것입니다. "네 이웃을 네 몸과 같이 사랑하라"는 예수님 말씀 속에는 바로 이러한 뜻이 담겨져 있습니다.

나를 향한 하나님의 꿈이 실현되기 위해서 우리가 해야 할 일이 있습니다. 그것은 하나님께서 나를 이 세상에서 유일무이하게 창조하셨으며, 자신의 아들까지 희생시키면서까지 사랑하셨음을 인정하고 받아들이는 것입니다. 다음과 같은 하나님의 사랑 고백이 바로 나 자신을 향한 것이며, 그것에 감격하며 진심으로 감사할 수 있게 될 때 우리는 점점 나 자신을 사랑하는 사람이 되어 갈 것입니다. 이를 통해 나를 향한 하나님의 꿈이 이루어지게 될 것입니다. 하나님은 당신이 만드신 이 세상만큼이나 나에게도 큰 관심과 꿈을 갖고 계십니다.

나는 다른 수많은 세상을 창조할 수도 있었다. 물론 네가 없는 세상을 만들 수도 있었다. 그러나 나는 네가 없는 세상을 원하지 않았다는 사실을 알겠느냐? 네가 없는 세상은 불완전한 것이다. 너는 내 마음속의 어린 아이이며, 내 생각의 기쁨이다. 물론 나는 지금 현재의 네 모습과는 전혀 다른 모습—신체, 부모, 나라, 문화, 재능 등—으로 너를 만들 수도 있었다. 그러나 나는 너의 지금 모습과는 다른 낯선 너를 원하지 않는다. 내가 사랑하는 것은 오직 현재의 너일 뿐이다. 수많은 모래알과 겨울 눈송이가 제각기 독특한 형태 구조를 가지고 있듯이, 너라는 존재 역시 다른 인간들이 가지고 있지 않은 독특한 존재 구조로 만들어졌다. 만약 네가 너 자신이 보잘것없는 존재로 느껴질 때에는 "어미가 자기 태중의 아기를 잊는다 할지라도 나는 결코 너를 잊지 않겠다"고 한 나의 말을 명심하여라.

J. 포웰, 『그리스도의 비전』 중에서

인간 공동체를 향한 하나님의 꿈

인간 공동체를 향한 하나님의 꿈은 사람들이 서로를 도움으로써 서로가 더욱 사람답게 살도록 하는 것입니다. 이 세상에는 두 종류의 사람이 있습니다. 어떤 사람은 자신뿐만 아니라 다른 사람의 인생을 살맛나도록 힘을 더해 주지만, 어떤 사람은 비관적 생각과 불평 투성이의 삶으로 인해 자신뿐만 아니라 다른 사람의 힘까지도 빼앗아 버립니다. 『에너지 버스』라는 책에서는 전자와 같은 사람을 '에너지 CEO,' 후자와 같은 사람은 '에너지 뱀파이어'라고 부릅니다.

에너지 CEO와 같은 사람들을 만나면 우울한 기분이 사라지고, 절망의 늪을 벗어나 희망을 향해 나아갈 수 있는 힘과 열정이 생깁니다. 그런 사람과 함께 있으면 이해받고 사랑받는 느낌이 듭니다. 에너지 CEO와 함께 있으면 내가 살아 있음을 느낄 수 있습니다. 반면에 에너지 뱀파이어와 함께 있으면 그나마 남아 있던 힘조차 빠져나가는 것 같습니다. 그들에게 듣는 말은 언제나 불평, 비난, 조소, 야유, 비웃음 등이 대부분입니다. 에너지 뱀파이어들은 우리를 우울하게 만들고 상처를 주고 괴로움이 더욱 커지도록 만드는 사람들입니다.

인간을 향한 하나님의 꿈은 하나님 자신이 인간을 위해 에너지 뱀파이어가 아닌 에너지 CEO가 되는 것이었습니다. 예수님의 인격, 삶, 메시지는 바로 우리를 향한 하나님의 사랑입니다. 에너지 CEO이신 예수님을 만날 때 사람들은 변화되기 시작했으며, 자신의 모습을 회복하기 시작했습니다. 죽은 지 나흘이 지나 냄새 나는 나사로를 다시 살리신 것은 버림받고 소외되고 죽음이라는 좌절된 상황 속에서도 희망이 솟아날 수 있음을 보여주신 하나님의 사랑이었습니다. 세리인 데다 키가 작다는 이유로 무관심과 무시를 당했던 삭개오를 만나주셔서 다시 기쁨을 되찾게 하셨습니다. 그리고 자기 재산의 절반을 가난한 사람들에게 나누어주겠다는 약속을 함으로써 삭개오 역시 에너지 CEO가 되도록 하셨습니다. 예수님은 가장 천대받고 상처 많은 창녀 막달라 마리아에게 찾아오셨고, 마리아의 인생을 완전히 바꾸어 놓으셨습니다. 그녀는 예수님의 시체를 무덤에 모실 때 함께했던 사람이며(마태복음 27:61), 부활하신 날 아침에 예수님의 빈 무덤을 처음 발견한 사람이었으며(마태복음 28:1~10), 영광스럽게도 예수님의 부활을 처음 목격한 사람이었습니다(요한복음 20:1~18).

예수님이 에너지 CEO가 되신 비결은 예수님의 공감하는 능력 때문이었습니다. 공감은 다른 사람에게 관심을 기울이고 그 사람의 고민과 문제를 들어주는 데에서 시작합니다. 다시 말해 나의 눈이 아닌 그 사람의 눈을 통해 세상을 보는 것입니다. 이렇게 될 때 "내 생각에는 말이야"라고 하면서 다른 사람의 문제를 지적하고 충고하는 사람이 아니라 "정말 너의 마음이 이 정도로 힘든지 몰랐어" 하면서 다른 사람의 상황을 있는 그대로 이해하고 인정해 줄 수 있게 됩니다. 그러한 공감이 일어날 때 사람들의 상처가 치유되기 시작하고, 부정적인 삶이 긍정적인 삶으로 변화되기 시작합니다. 예수님께서 제자들을 변화시킨 비결도 공감의 기술 때문이었습니다. 예수님은 삭개오와 마리아가 무엇 때문에 아파하며, 또 그것으로 인해 얼마만큼 아파하는지 알고 계셨습니다. 그리고 그들의 간절한 바람이 무엇인지도 알고 계셨습니다. 예수님은 판단과 비난을 내려놓고 그들의 생각, 느낌, 삶 속으로 동참해 들어

가셔서 그들을 이해하려고 하셨던 것입니다.

　예수님이 에너지 CEO가 되신 두 번째 비결은 공감에 대한 적절한 반응입니다. 칼 로저스(Carl Rogers)의 비유처럼 인간의 상황은 깊고 메마른 우물 속에 빠진 사람과 같습니다. 그래서 인간은 누구나 자신만의 깊은 우물 속에 빠져 혼자 기어오를 수 없는 절망적 상황에 처해 있다고 보았습니다. 그러한 상황 속에서 인간은 누군가 살려 달라는 자신의 외침을 듣고 구출해 주리라 기대하며 계속해서 소리를 지릅니다. 마침내 누군가가 그 소리를 듣고 응답했을 때 '이제 살았구나'라는 안도감과 기쁨을 회복할 수 있게 됩니다. 예수님은 이러한 우리의 필요를 공감하시고 적절한 반응을 보이셨는데, 심지어 우리를 대신해 자신의 생명을 주시기까지 그렇게 하셨습니다.

　공감한다는 것을 우물 속에 빠져 있는 자신을 누군가 발견한 것에 비유한다면, 공감에 대한 반응은 우물 속에서 내가 빠져나오도록 도와주는 것이라 할 수 있습니다. 이런 점에서 예수님은 공감만 하신 분이 아닙니다. 예수님은 우물 안에 있는 우리를 찾아와주셨을 뿐만 아니라 우리를 우물 안에서 건져내셨습니다. 이를 위해 자기 자신을 희생하셨고, 우리는 하나님이 계획하신 본래의 모습을 회복하며 그분이 주신 꿈과 재능을 펼치며 살 수 있게 된 것입니다.

　이처럼 인간을 향한 하나님의 꿈은 예수님을 통해 실현되었습니다. 그리고 예수님을 통해 건져냄을 받은 사람들을 사용하셔서 여전히 우물 안에서 외로움과 절망감에 사로잡혀 있는 사람들에게 예수님처럼 에너지 CEO의 역할을 하도록 하십니다. 곳곳에서 에너지 뱀파이어보다 에너지 CEO가 많아져서 사랑 공동체가 이루어지도록 하는 것이 인간을 향한 하나님의 꿈입니다. 하나님은 사람들을 서로 사랑하며 살도록 창조하셨으며, 그 사랑의 열매가 세상 속에 가득하길 꿈꾸십니다.

세상을 향한 하나님의 꿈

|

세상을 향한 하나님의 꿈은 "보시기에 좋았더라"고 말씀하셨듯이 이 세상이 하나님의 뜻과 평화로 충만한 세상이 되도록 하는 것입니다. 하나님은 이 꿈이 사람들을 통해 이루어지길 원하십니다. 또한 사람들로 하여금 당신이 만드신 세상을 즐기기를 원하십니다. 그리고 그 안에 숨겨 놓은 창조의 목적을 드러내어 세상이 더욱 풍요롭게 되도록 이용하기를 원하십니다.

그러나 이 세상의 현실은 죄의 쓰레기로 가득차 있습니다. 그것은 우리의 죄성과 불순종의 산물입니다. 그러나 하나님은 이러한 세상을 포기하지 않으셨고, 하나님의 꿈은 여전히 유효합니다. 하나님은 죄의 파괴력으로 인해 흩어진 것을 다시 모으시고, 부서진 것을 재건하시고, 찢어진 것을 이으시고, 빼앗긴 것들을 되찾기 원하십니다. 이러한 회복의 꿈을 위해 사람들을 사용하셔서 쓰레기를 제거하는 동시에 숨겨져 있던 하나님의 보물들을 발견해 가도록 하십니다.

세상을 향한 하나님의 꿈이 실현될 때 영화「웰컴 투 동막골」에서 본 것처럼 폭탄이 터지자 사람들이 쓰러지는 것이 아니라 옥수수가 팝콘이 되어 곳곳에 흩어지는 일들이 일어날 것입니다. 리처드 마우의 기발한 상상력처럼 칼은 정원용 가위로, 창은 호미로, 대륙간탄도미사일은

영화 「웰컴 투 동막골」의 포스터와 영화 속 한 장면.

스쿠버 다이버들의 산소통으로 바뀌는 일이 일어날 것입니다. 그러한 일들이 많아질수록 하나님의 뜻이 온 땅 가운데 이루어지게 될 것이며, 하나님의 평화가 온 세상에 충만해질 것입니다.

예수님은 이 세상이 침몰하는 배라고 말씀하시면서 이 세상을 사랑하거나 집착하지 말라고 이야기하셨습니다. 그러면서도 한편으로는 이 세상이 하나님 나라인 것처럼 좋은 것들을 즐기며 이용하라고 말씀하셨습니다. 예수님은 쓰레기로 가득찬 세상 속에서 사셨지만, 그 쓰레기의 오염에 물들지 않으셨습니다. 오히려 쓰레기 더미에 숨겨진 하나님의 보물들을 발견하고, 그것을 사람들과 세상을 위해 사용하셨습니다. 그리고 제자들에게도 세상에 속해 있으나 세상과는 구별된 자로 살도록 요구하셨습니다. 따라서 우리는 세상을 즐겨야 할 사명이 있고, 동시에 세상을 사랑하지 말아야 할 사명이 있습니다.

이 세상을 사랑하고 즐기는 것은 거창한 일이 아닙니다. 하나님이 세상을 보시며 '보시기에 좋았더라'고 한 것처럼 하나님이 만드신 별을 바라보며 그 아름다움에 감격하여 눈물을 흘리는 것입니다. 그것은 포도

알을 입에 넣고 하나님의 달콤함을 음미하는 것입니다. 즉 우리가 일상에서 경험하는 작은 기쁨이 하나님에게서 온 것임을 아는 것입니다. 탈무드의 격언처럼 "모든 사람은 허락 받은 모든 즐거움 가운데 자신이 즐기지 못한 즐거움에 대해서는 그 이유를 설명해야만" 하는 날이 올 것입니다.

그러나 이 세상을 사랑하는 것을 경계해야 합니다. 이 세상을 사랑한다는 것은 그것을 나의 소유로 선포하는 것과 같습니다. 이 세상이 나의 것이 되는 순간 우리는 더 많은 것을 가지기 위해 점점 세상에 마음이 빼앗겨 버립니다. 그리고 하나님의 종이 아니라 세상의 노예가 되고 맙니다. 그렇게 될 때 우리의 우선순위가 바뀝니다. 하나님이 아닌 돈, 권력, 명예, 신분 등과 같은 것이 더 중요하게 되고, 우리의 시간과 물질과 에너지를 그것을 더 얻기 위해 정신없이 살게 됩니다. 더 많은 것을 소유하기 위해 다른 사람과 심지어 하나님마저 이용하기 시작합니다. 자신의 욕망을 채우기 위해 세상이 오염되고 파괴되어가도 아랑곳하지 않게 됩니다. 그러는 가운데 자기 자신도 스트레스와 각종 질병으로 병들어 가게 됩니다. 그러므로 하나님이 창조하신 세상의 삶은 누리되, 욕망으로 가득한 세상의 유혹은 경계해야 할 것입니다.

하나님 나라는 작은 퍼즐로 이루어져 있다

퍼즐 하나하나를 제자리에 맞추어 그림을 완성하는 것처럼 하나님 나라 역시 수많은 퍼즐로 이루어져 있습니다. 그 퍼즐의 크기가 크든지 작든지, 그 모양이 예쁘든지 그렇지 않든지, 그 위치가 가운데 있든지 귀퉁이에 있든지 간에 그림을 완성하는 데 각각의 퍼즐이 모두 필요합니다. 그래서 퍼즐 하나하나가 없어서는 안 될 소중한 것들입니다. 각각의 퍼즐들이 하나도 빠짐없이 반드시 있어야 할 자리에 있어야만 그림을 완성할 수 있습니다.

하나님 나라는 수많은 퍼즐과 같습니다. 하나님은 예수님을 첫 퍼즐로 사용하셔서 하나님 나라의 퍼즐 그림을 맞추기 시작하셨습니다. 그리고 그리스도의 제자들을 사용하셔서 퍼즐을 맞추고 계십니다. 또한 다시 오실 예수님이 마지막 퍼즐이 될 때 비로소 하나님 나라라는 그림이 완성될 것입니다. 이처럼 하나님은 하나님 나라의 꿈을 이루시기 위해 그리스도의 제자들을 사용하기로 결정하셨습니다. 불완전하고 미약하지만, 하나님 뜻대로 살려고 하는 제자들의 생각과 삶을 사용하셔서 하나님 나라를 이루어가십니다. 그러므로 하나님의 꿈 안에서 자신의 꿈을 꾸는 자들은 축복받은 자들입니다. 하나님의 꿈 안에서 자신의 꿈을 이루어가는 자는 이미 성공이 보장된 것입니다.

따라서 하나님 나라를 위해 모두가 선교사가 되거나 목회자가 되어

하나님 나라는 퍼즐과 같은
데, 하나님은 예수님을 첫 퍼
즐로 사용하셔서 하나님 나
라라는 퍼즐을 맞추기 시작
하셨다.

야 하는 것은 아닙니다. 오히려 자신의 부르심이 무엇이든, 자신이 있는 곳이 어디든 간에 그곳에서 하나님의 뜻을 구하고 하나님의 뜻을 이루는 축복의 통로로 사용될 때 그곳이 바로 하나님 나라가 될 것입니다. 우리 모두는 하나님 나라를 이루어 가는 데 반드시 필요한 퍼즐을 하나씩 갖고 있는 셈입니다. 자신이 있어야 할 곳을 발견하고 거기서 하나님 나라가 이루어지도록 최선을 다할 때 하나님 나라가 이루어지게 됩니다. 그리고 주변의 다른 퍼즐들(다른 사람들의 꿈)과 함께함으로써 하나님 나라라는 그림의 윤곽을 더욱 분명하고 구체적으로 맞추어 갈 때 하나님 나라가 점점 확장될 것입니다.

그 퍼즐 하나하나는 소왕국과 같습니다. 그래서 하나님 나라의 퍼즐 하나하나는 우리 각자의 통치권이 발휘되는 작은 영토입니다. 작은 영토들이 우리의 통치권을 통해 하나님의 뜻이 이루어지는 곳이 될 때 그 작은 영토들이 모여 하나님 나라가 되어가는 것입니다. 「나니아 연대기: 사자, 마녀 그리고 옷장」의 마지막 장면에서 나니아의 왕 사자 아슬란이 아이들에게 나니아를 다스릴 통치권을 부여하면서 왕으로 세웁니다. 마찬가지로 예수님은 우리 각자에게 하나님 나라를 위해 다스려야 할 나라들을 주십니다. 즉 하나님은 하나님 나라라는 꿈을 이루시기 위해 우리를 왕으로 불러주신 것입니다.

> 찬란한 동쪽 바다는 용감한 루시 여왕에게 주노라
>
> 위대한 서쪽 숲은 정의로운 에드먼드 왕에게,
>
> 밝고 환한 남쪽 태양은 자애로운 수잔 여왕에게,
>
> 그리고 맑은 북쪽 하늘은 위대한 피터 왕에게 주노라

영화 「나니아 연대기: 사자, 마녀 그리고 옷장」에서 사자 아슬란이 아이들에게 나니아의 통치권을 부여하며 왕으로 세우는 장면.

한 번 나니아의 왕과 여왕이 되면 그 힘이 영원할지니

그들은 영원히 왕과 여왕이다.

그들의 지혜가 저 하늘의 별이 다할 때까지 계속되길 기원하노라

영화 「나니아 연대기: 사자, 마녀 그리고 옷장」 중에서

위대한 이야기의 주인공처럼
|

J. R. R. 톨킨의 『반지의 제왕』을 보면 세상을 지배하려고 하는 악의 군주 사우론을 이기기 위해서는 절대 반지를 불의 산 용암에 던져 넣어야 합니다. 그런데 그 중요한 사명이 가장 약하고 작은 종족인 호빗족의 프로도와 친구들에게 맡겨집니다. 그들은 자신들의 약점에도 불구하고 수많은 어려움을 헤치고 임무를 완수하여 세상을 위기에서 건져

냅니다. 가장 막중한 일을 능력 있는 사람이 아니라 작은 호빗에게 맡 겼다는 것은 큰 위로와 격려가 되는 이야기입니다.

하나님은 하나님 나라를 위해서도 천사를 사용하시는 것이 아니라 호빗족처럼 연약하고 보잘것없는 존재를 사용하셔서 악을 물리치고 하 나님 나라를 이루어가십니다. 프로도와 샘이 자신들의 엄청난 사명에 힘겨워했던 것처럼 보잘것없고 연약한 인간 역시 하나님 나라를 위한 위대한 사명을 감당하기란 버거운 일입니다. 그러나 분명한 것은 그 약 함을 강함으로 사용하시는 분이 하나님이시라는 것입니다.

여기에 희망이 있습니다. 자신의 약함을 인정하게 될 때 자신의 능력 을 과신하지 않습니다. 그리고 이루어진 업적들이 자신의 능력에서 비 롯된 것이라고 뽐내지도 않습니다. 오히려 자신의 약함을 깨달을수록 자신이 아닌 하나님을 의지하게 됩니다. 또한 죄로 인해 타락한 하나 님의 창조 세계가 회복될 것이며, 그 회복을 위해 자신을 사용하실 것 이라는 하나님의 위대한 이야기에 사로잡히게 됩니다. 이를 통해 자신 이 위대한 이야기의 주인공임을 확인하고, 하나님께서 자신을 통해 이 루실 위대한 꿈을 기대하면서 힘을 내게 되는 것입니다. 오랜 여행으로 인해, 그리고 자신의 짊어져야 할 부담감 때문에 지쳐 있던 프로도에게 샘이 건넨 말은 수많은 역경 속에서도 하나님의 꿈을 향해 끝까지 달려 가야 할 우리에게도 필요한 위로의 말입니다.

> 프로도 : (반지를) 모르도르에 가져갈 자신이 없어….
>
> 샘 : 알아요. 처음부터 잘못됐어요. 이곳에 오는 게 아니었다고요. 그런 데도 우린 왔어요. 위대한 이야기의 주인공처럼! 극적인 이야기의

영화 「반지의 제왕 2 두 개의 탑」의 한 장면.

주인공처럼! 암흑과 위험으로 가득한 이야기와 끝부분이 걱정돼서 결말을 알기 싫었던 그런 이야기의 주인공처럼! 수없이 많은 나쁜 일들이 일어나 이제 세상은 옛날로 돌아갈 수 없어요. 하지만 이토록 두려운 시간조차 한순간 지나가는 과정일 뿐이에요. 암흑은 걷히기 마련이죠. 새날이 밝을 거니까요. 태양은 더욱 눈부시게 빛나고요. 나리님이 기억하는 옛날이야기 속에는 큰 뜻이 담겨 있었어요. 어릴 적엔 이해하기 어려웠겠지만요. 그런 이야기가 떠오른 이유를 이젠 이해해요. 이젠 알겠어요. 옛날이야기 속의 사람들은 선택의 기로에서도 흔들리지 않았어요. 끝까지 지켜내야 할 소중한 이상 때문이었거든요.

프로도 : 우리에겐 뭐가 소중하지?

샘 : 지금의 세상에 필요한 이상이겠죠. 반드시 지켜야 할 값진 이상!

「반지의 제왕 2 두 개의 탑」에서 프로도와 샘의 대화 중에서

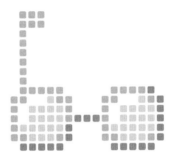

7장

생각하는
그리스도인의 삶

생각하는 그리스도인이란 생각만 하는 그리스도인을 뜻하지 않습니다. 생각하는 그리스도인
은 하나님의 뜻을 마음에 새기고 동시에 그 생각을 실천하기 위해 노력하는 사람입니다. 아래
에 소개하는 10가지의 실천사항은 크리스천 씽킹의 세 가지 원리가 우리 마음에 새겨지고 그
것을 우리의 삶 속에서 경험하도록 돕는 지침들입니다.

옛날 중국 한 마을에 우공이라는 노인이 살고 있었다. 우공이 사는 마을 앞에는 태형과 왕옥이라는 큰 산이 놓여 있어서 다른 마을로 가기 위해서는 산을 돌아서 다녀야만 했고, 집 앞에 있는 산이 햇볕을 가려 늘 답답함을 느꼈다. 그러던 어느 날 우공은 두 산을 다른 데로 옮기기로 결심했다. 그리고 흙을 삽으로 퍼서 지게에 짊어지고 나르기 시작했다. 이러한 우공의 모습을 보고 사람들은 바보 같은 짓이라고 비웃었다. 그러나 우공의 생각은 달랐다.

"모두들 내가 하고 있는 일이 계란으로 바위치기 같은 무모한 일이라고 생각하겠지. 하지만 산을 옮길 수 있을지를 고민만 하기보다는 그 시간에 한 삽이라도 더 퍼서 옮기는 것이 낫지 않겠어. 아마 내가 이 산을 다 옮기지 못하고 죽더라도 자식들이, 그리고 그 자식들의 자식들이 내 뒤를 이어 산을 옮기는 일을 한다면 언젠가는 저 산을 모두 옮길 날이 오겠지."

아무리 탁월한 생각을 하더라도 그것이 우리의 머릿속에서만 그리고 우리의 입에서만 맴돈다면 아무런 힘을 발휘하지 못합니다. 생각에 힘이 있다는 것을 경험하는 것은 그 생각대로 행동할 때 비로소 가능합니다. 다시 말해 생각은 그것이 행동으로 옮겨질 때 비로소 완성되는 것입니다. 따라서 우리에게도 우공의 태도가 필요합니다. 크리스천 씽킹의 원리들은 하나님 말씀에 기초한 것으로서 우리의 생각과 삶을 변화시킬 수 있는 위대한 생각임에는 틀림없습니다. 하지만 그것이 우리의 행동으로 옮겨지지 않는다면 그 열매를 우리의 삶 가운데서 기대할 수 없습니다. 우공의 마지막 이야기를 보면 우공의 이러한 모습에 감탄한 옥황상제가 두 산을 다른 곳으로 옮겨주게 되고, 우공의 바람이 결국 이루어지게 됩니다. 이처럼 비록 작은 실천이라도 그 생각대로 행동하는 우리의 노력이 있을 때 살아 계신 하나님께서 우리를 도와주실 것이라 확신합니다.

생각이 우리의 행동에 영향을 주는 것은 사실이지만 우리의 생각이 저절로 행동으로 옮겨지는 것은 아닙니다. 그래서 금연을 결심하고 다이어트를 시도해 보지만 종종 실패하는 경우가 많습니다. 신앙생활도 마찬가지입니다. 하나님의 말씀대로 생각하고 또 그것을 우리의 삶 속에 실천하고자 하지만 뜻대로 되지 않을 때가 많습니다. 이럴 때는 우리의 생각과 행동이 분리되어 있다는 생각이 듭니다. 그러나 "행함이 없는 믿음이 죽은 믿음"(야고보서 2:17)이듯이 "행함이 없는 생각은 죽은 생각이다"라고 말할 수 있습니다. 아무리 자신의 생각과 입술로 하나님의 뜻을 이야기해도 그것을 실천하지 않으면 아무 소용이 없습니다. 성경은 나무의 열매를 보고 그 나무가 어떤 나무인지 알 수 있는 것처럼 사람도 그들의 삶을 보고 그 사람이 어떤 생각과 성품의 사람인지 알 수 있다고 말합니다(마태복음 7:16~20). 입술로 주님을 고백한다고 해서 그의 믿음이 참된 것인지는 단정을 짓기 힘듭니다. 하지만 그들의 삶을 통해서는 그들의 믿음이 어떠한지 짐작할 수 있습니다.

따라서 생각하는 그리스도인이란 생각만 하는 그리스도인을 뜻하지 않습니다. 생각하는 그리스도인은 하나님의 뜻을 마음에 새기고 동시에 그 생각을 실천하기 위해 노력하는 사람입니다. 아래에 소개하는 10가지의 실천사항은 크리스천 씽킹의 세 가지 원리가 우리 마음에 새겨지고 그것을 우리의 삶 속에서 경험하도록 돕는 지침들입니다.

실천 1: 감사거리 찾기

아침에 일어나자마자 하나님께 우리에게 새날을 주신 것에 대해 감사 드릴 때 그것은 이 세상을 만드신 분이 하나님이심을 인정하는 것일 뿐 아니라 지금도 신실하게 일하고 계시는 하나님을 찬양하는 것입니다. 당연하게 일어나는 일상 속에서 감사거리를 찾아낼 수 있다면 그 또한 하나님께서 기뻐 받으시는 찬양이 될 것입니다. 예를 들어 오늘 하루도 온 가족이 건강하게 잠자리에 들 수 있음을 감사드리는 것, 일용할 양식을 주심에 감사를 드리는 것, 젖니가 빠진 자리에 영구치가 하얗게 올라오는 아이의 치아를 보면서 감사를 드리는 것, 오색으로 물든 가을 단풍을 보며 아름다움을 느낄 수 있음에 감사를 드리는 것 등 하나님께 감사할 거리들을 찾으면 찾을수록 끝이 없습니다.

"범사에 감사하라"(데살로니가전서 5:18)는 말씀은 감사가 선택사항이 아님을 뜻합니다. 이것은 좋은 일에만 감사 드리는 것이 아니라 시험과 고통 속에서도, 불평할 수 있는 상황 속에서도 감사 드릴 수 있는 것을 포함합니다. 하지만 우리가 경험에서 아는 것처럼 결코 쉬운 일이 아닙니다. 그러나 찬송가 작사가로 유명한 시각 장애인 패니 크로스비는 자신이 앞을 보지 못하는 것에 대해 감사했습니다. 그것이 자신에게 주어진 하나님의 놀라운 축복이라고 해석했습니다. 자신의 절망 속에서 하나님이 주신 희망을 보았기 때문에 감사할 수 있었던 것입니다. 그는 자신의 어려운 상황이 오히려 마음을 흐트러뜨리지 않고 오직 아름답고 흥미로운 것에 관심을 기울이면서 하나님을 찬양하는 노래를 부를 수 있게 했다고 고백합니다.

이처럼 감사를 통해 우리는 이 세상을 창조하시고 지금도 졸지도 주무시지도 않는 신실함으로 우리와 함께하시며 돌보고 계신 하나님을 발견할 수 있습니다. 우리에게 감사거리가 많아진다는 것은 그 하나님을 더욱 알아가고 자주 만나는 일이 될 것입니다. 또한 우리가 어려운 상황 속에서도 변함없이 감사를 드릴 수 있다면 하나님과 더욱 깊은 관계로 나아가는 계기가 될 것입니다.

실천 2: 하나님께 질문하기
|

질문에는 힘이 있습니다. 우리는 궁금한 것에 대해 질문함으로써 배움을 하게 됩니다. 질문은 생각을 자극하기도 하고 정보를 제공하기도 합니다. 또한 질문은 가장 적극적인 경청입니다. 상대방의 말에 귀를 기울이고 마음을 열게 하기 때문입니다. 따라서 그 질문을 하나님께 드림으로써 하나님께 집중할 수 있게 되고, 하나님의 말씀에 보다 적극적으로 경청할 수 있게 됩니다. 그 과정을 통해 하나님을 점점 알아가고 더 깊이 만나게 될 것입니다.

암기를 중심으로 이루어지는 오늘날의 교육 분위기에서는 질문을 권장하지 않습니다. 끊임없는 호기심으로 질문을 쏟아내던 미취학 아동들도 학교에 들어가자마자 질문하는 것을 잊어버리게 됩니다. 심지어 그것에 대해 일부 어른들은 아이들이 성장해가는 과정이라고 생각하며 긍정적으로 바라보기도 합니다. 그러나 우리의 생각이 자라고 참된 배움의 삶을 살기 위해서는 질문하는 습관이 회복되어야 합니다.

이것은 하나님과의 관계에서도 적용됩니다. 우리가 알고 싶거나 해결 받고 싶은 문제에 대해 하나님께 질문을 드릴 때 먼저 하나님이 어떻게 대답하실지 기대를 가지게 될 것입니다. 그리고 말씀을 읽을 때나 일상의 삶을 살아갈 때 그 질문에 대한 하나님의 대답을 듣기 위해 집중하게 됩니다. 하나님은 우리의 질문에 대해 여러 방법으로 응답하십니다. 말씀을 읽다가 "이것이 하나님의 응답이다!"라고 외치게 할 때도 있습니다. 영화를 보다가 주인공의 대사 속에서 하나님의 응답을 듣기도 하고, 아내와의 대화 가운데 대답을 들을 때도 있습니다. 여러 가지 생각에 사로잡혀 혼자 길을 걷다가 문득 하나님의 응답과 관련된 깨달음이 올 때도 있습니다. 이러한 경험을 하는 순간 더 이상 하나님은 멀리 계신 분이 아닙니다. 이것이 일상의 삶이 될 때 보이지 않는 하나님을 날마다 경험하는 삶을 살게 될 것입니다.

단순한 호기심이든, 자신의 관심사이든, 아니면 정말 풀리지 않는 인생의 문제이든 간에 그 문제를 가지고 하나님께 질문하거나 대답을 듣기 위해 우리의 귀를 쫑긋 세울 때 하나님은 분명하게 응답해 주실 것입니다. 어떤 관심 있는 주제와 관련된 질문이 생길 때 하나님의 응답을 기대하며 성경을 보거나 관련된 서적을 읽는 것도 좋은 방법이 됩니다. 또한 사람들과의 대화 가운데 대답을 주시지 않을까 기대하는 마음으로 하나님의 음성을 듣는 훈련을 하는 것도 도움이 됩니다. 이러한 과정을 통해 배운 깨달음은 인생을 살아가는 데 큰 도움을 줄 뿐 아니라 하나님을 가까이에서 경험하는 삶을 살게 합니다. 하나님께 질문함으로써 우리는 하나님과 깊은 관계로 나아갈 수 있습니다.

실천 3: 우연 속에서 하나님 찾기

하나님이 살아 계시고 지금도 우리를 위해 활동하고 계십니다. 우리의 삶과 주변 세계를 주의 깊게 관찰해 볼 때 하나님께서 일하고 계시는 흔적들을 곳곳에서 찾아볼 수 있습니다. 하나님을 인정하지 않는 사람들은 그 흔적을 '우연'이라고 말합니다. 우연의 사전적 정의는 '아무런 인과관계 없이 뜻하지 아니하게 일어난 일'을 의미합니다. 그러나 하나님을 인정하는 사람들에게 우연이라는 말은 존재하지 않습니다. 그것은 우연이 아니라 우리의 삶을 주관하고 계시는 하나님의 인도하심에 대한 증거이기 때문입니다.

글을 쓰던 중 도서관에서 '우연히' 발견한 책 한 권이 며칠 동안 찾던 자료를 담고 있을 때, 마음이 우울할 때 '우연히' 보게 된 영화(특히 영화 대사 중에서)를 통해 큰 힘과 위로를 얻게 될 때, 핸드폰 단축키를 잘못 눌러 '우연히' 통화한 옛 친구가 현재 자신이 너무나 힘든 가운데 있고 하나님의 도우심을 구하는 기도를 하던 중이라고 말할 때 우리에게 '우연'은 더 이상 우연이 아니라 신실하게 일하고 계시는 보이지 않는 하나님에 대한 증거가 됩니다.

하지만 우리는 일상 가운데 일어나는 이러한 일들을 그냥 지나치거나 단지 우연일 뿐이라고 여기면서 하나님의 세밀한 손길을 경험하지 못할 때가 너무나 많습니다. 우리가 감사와 질문과 관찰의 습관을 가지고 하나님께 집중한다면 어떤 상황이나 장소에서도 창조주요 이 세상 주관자이신 하나님을 더욱 깊이 만날 수 있을 것입니다.

실천 4: 죄의 둥지가 트는 것을 막기
|

"새가 머리 위로 날아다니는 것은 막을 수 없지만 새가 머리 위에 둥지를 트는 것은 막을 수 있다"는 말이 있습니다. 우리 마음속에도 죄와 관련된 생각이 스쳐갈 때가 너무나 많습니다. 이것은 우리 머리 위로 날아다니는 새를 우리가 어떻게 할 수 없는 것과 같습니다. 그러나 새가 우리 머리 위에 둥지를 틀게 할 것인지, 못하게 막을 것인지는 자신의 선택에 달려 있습니다. 죄가 우리 머리 위에 둥지를 튼다는 것은 나쁜 생각이 우리의 생각 속에 가득하도록 내버려 두고 더 나아가 그것을 자주 묵상(?)하는 것을 말합니다. 그래서 우리의 마음이 그 생각을 통제할 수 없을 정도가 될 때 그것이 행동으로 옮겨지게 될 가능성이 커집니다. 따라서 죄에서 벗어난다는 것은 완전무결한 생각과 삶을 회복한다는 것이 아니라 그 죄가 우리의 생각을 지배하지 못하도록 하는 것을 의미합니다.

우리의 죄를 고백하는 것은 죄가 우리 머리 위에 둥지를 트는 것을 막는 것과 같습니다. 그리스도인으로서 죄에서 벗어나는 것은 신앙의 핵심적인 문제입니다. "자기의 죄를 숨기는 자는 형통치 못하나 죄를 자복하고 버리는 자는 불쌍히 여김을 받으리라. 항상 경외하는 자는 복되거니와 마음을 강퍅하게 하는 자는 재앙에 빠지리라"(잠언 28:13~14). 그러나 죄를 인정하고 고백하는 것은 쉽지 않은 일입니다. 자신의 잘못이 드러날 때 벌거벗은 것 같은 수치심과 버림받을지도 모른다는 두려움이 생기기 때문입니다. 그래서 우리는 죄를 지었을 때 자기 자신으로부터, 다른 사람으로부터, 그리고 하나님으로부터 본능적으로 숨으려고 합니다. 변명을 늘어놓거나 다른 사람에게 책임을 전가하면서 자신은 그 문제와 전혀 상관이 없는 사람인 것처럼 위장의 가면을 쓰기도 합니다. 이처럼 죄를 인정하고 고백하는 것이 쉬운 일은 아니지만 우리가 죄를 고백하게 될 때 위장의 가면을 벗고 영혼이 자유와 평안을 경험하게 될 것입니다. 그러므로 더 이상 죄된 생각에 사로잡히기 전에 하나님께 우리의 죄를 고백하는 것은 죄에서 벗어나는 가장 중요한 실천입니다.

실천 5: 하나님보다 높아진 것을 금식하기

금식이 우리의 생각과 삶에서 하나님보다 높아져 있는 것(그것이 무엇이든지 간에)을 발견하고 그 죄에서 벗어나도록 돕는 훈련이라면 금식은 단지 음식의 욕구를 절제하는 것 이상의 의미가 있습니다. 다시 말해 금식은 삶 속에서 다양하게 적용될 수 있습니다. 예를 들어 지나친 취미생활, 일중독, 과소비를 일으키는 충동구매, 무절제한 신용카드 사용 등을 금식할 수 있습니다.

특히 텔레비전, 영화, 인터넷, 미디어 기기 등을 특정 기간 동안 접하지 않는 '미디어 금식'이나 사용 시간을 제한하거나 그 영향력을 고려해서 선별해서 접하는 '미디어 절제'는 미디어시대를 살아가는 우리들에게 너무나 필요한 훈련입니다. 사실 미디어의 중독성에 대한 뉴스나 그 피해 사례는 점점 늘어나고 있습니다. 미디어 중독으로 인해 삶의 균형이 깨지고, 사람들과의 관계가 단절되어 외로움을 느끼고, 가상과 현실의 세계를 혼동하며, 더 나아가 육체와 정신의 건강마저 잃어버리는 사람들이 점점 늘어나고 있습니다. 또한 미디어가 사람들의 생각과 행동에 영향을 주는 통로 역할을 한다는 점에서도 주의가 필요합니다. 기업들이 몇 십 초밖에 안 되는 광고를 찍기 위해 수십억의 돈을 투자하는 이유도 바로 여기에 있습니다. 그러므로 미디어 금식을 통해 절제력과 분별력을 키우는 것은 매우 중요한 일이라 할 수 있습니다. 이것은 미디어뿐만 아니라 다른 문제들에도 동일하게 적용될 수 있습니다.

이처럼 금식을 통해 자신의 생각과 삶 속에서 하나님보다 높아져 있는 것이 무엇인지 발견하고 그것을 해결해 주시도록 하나님께 간구할 때 금식은 죄에서 벗어나기 위한 중요한 지침이 될 수 있습니다.

실천 6: 죄의 영향력을 바라보며 애통해하기

애통은 자신과 세상의 문제들 속에서 죄의 실체를 바라보는 것, 그리고 죄의 파괴적 결과들로 인해 슬픔과 고통에 사로잡혀 있는 현실을 실감하는 것입니다. 깨어져 버린 인간관계들, 폭력, 학대 그리고 온갖 중독성 행위의 소용돌이 속에서 따돌림 당한 듯한 소외감으로 내뱉는 한숨 소리와 신음 소리가 곳곳에서 들려옵니다. 예수님은 인간들의 이러한 어려운 상황들에 대해 애통해하셨고 눈물을 흘리셨습니다. 그리스도의 제자로서 우리에게 필요한 것 역시 애통하는 마음입니다. 우리가 애통하는 마음을 가지게 될 때 우리의 죄에서 벗어나는 데 도움을 될 수 있습니다.

아담과 하와가 자신들의 잘못된 선택이 온 인류와 세상에 어떤 영향을 끼칠 것인가를 상상해 보았다면, 그리고 그 상상을 통해 죄의 파괴력에 대해 애통하는 마음을 가졌더라면 그들은 자신들의 선택을 다시 고려했을 것입니다. 다윗이 밧세바를 자신의 아내로 삼은 결과로 인해 수많은 사람들의 마음에 상처를 남길 뿐 아니라 희생의 대가를 치러야 한다는 것을 미리 알았더라면 그러한 죄를 범하지 않았을 것입니다.

텔레비전과 신문을 비롯해 주변 사람들의 이야기와 삶을 보면 죄의 결과로 인해 고통과 슬픔을 당하는 많은 사례들을 발견할 수 있습니다. 그것이 자신의 죄로 인한 것이든, 다른 사람의 죄에서 시작된 것이든 엄청난 죄의 파괴력이라는 사정권 안에서 우리는 살고 있습니다. 또한 우리 주변에는 너무나 가슴 아픈 일들이 많습니다. 하나님이 계신다면 어떻게 이런 일이 일어날 수 있을까라는 말이 자연스럽게 나올 정도로 이해할 수 없거나 받아들일 수 없는 엄청난 비극들이 우리 가까이에서 벌어지는 것을 경험하게 됩니다. 이러한 현실에 대해 예수님처럼 우리 역시 애통하는 마음을 가지게 될 때 죄의 파괴력이 얼마나 큰 것인지 실감하게 됩니다. 그렇게 될 때 그것이 자신의 죄든지, 다른 사람의 죄든지 죄에서 벗어나거나 악에 대항하는 노력들을 하게 될 것입니다. 즉 애통하는 마음은 우리가 죄에서 벗어나도록 이끌어줄 것입니다.

실천 7: 하나님과 홀로 있는 시간 가지기

예수님의 말씀을 듣고 병 고침을 받기 위해 예수님 주변에는 항상 수 많은 사람들이 몰려들었습니다. 예수님이 이동할 때마다 사람들도 예수님을 따랐습니다. 말씀을 전하고 수많은 사람들의 병을 고치고 귀신들을 쫓아내는 사역을 하시느라 날마다 시간이 부족했을 것입니다. 그러나 그 바쁜 와중에도 예수님은 홀로 있는 시간을 가지셨습니다. "예수의 소문이 더욱 퍼지매 허다한 무리가 말씀도 듣고 자기 병도 나음을 얻고자 하여 모여 오되 예수는 물러 가사 한적한 곳에서 기도하시니라" (누가복음 5:15~16)

사단과의 전쟁을 준비하기 위해 계셨던 사막에서의 40일 동안에도, 사람들에게 둘러싸여 몸이 열 개라도 부족할 정도로 바빴던 사역 가운데서도, 겟세마네 동산에서 체포되기 전에도 예수님은 홀로 계셨습니다. 이것은 예수님도 바쁜 삶 가운데 자신의 내면을 들여다보고 회복과 쉼의 시간이 필요했음을 의미합니다. 예수님께 이러한 시간이 필요하셨다면 그 제자들인 우리에게도 당연히 이러한 시간이 필요합니다.

하지만 우리 삶의 쳇바퀴는 시간이 지나면 지날수록 가속도가 붙습니다. 우리의 마음과 몸은 일 '중지' 버튼을 누르라는 사인을 계속 보내지만, 우리는 그것을 누를 여유조차 없을 정도로 바쁘게 살아갑니다. 심지어 이렇게 분주한 삶에 익숙해져서 조금이라도 여유가 생기면 왠지 모를 불안감이 몰려오기도 합니다. 그리곤 무슨 일이라도 만들어서 계속 삶의 쳇바퀴를 돌리려고 합니다. 마음과 몸의 '경고음'이 더욱 커져만 가도 우리는 그것을 끌 시간조차 없을 정도로 바쁩니다. 그래서 우리에게는 홀로 있기가 더욱 필요합니다.

홀로 있기를 통해 우리의 몸만 쉼을 얻고 재충전되는 것이 아닙니다. 그 시간은 하나님과 함께하는 시간이고 그분의 음성을 듣는 시간입니다. 그리고 우리의 생각과 감정과 행동 그리고 나의 욕심이 아닌 하나님의 뜻대로 다시 조율되는 시간이기도 합니다. 너무 바빠서 기도한다는 말이 있듯이 분주한 삶일수록 우리에게는 홀로 있는 시간이 필요합니다. 그 시간에 하나님께 기도하거나 생각을 정리하면서 하나님과 대화하고 자신을 성찰할 수 있을 것입니다. 이것은 예수님의 제자로서 우리가 배우고 따라야 할 영적인 삶의 성공 비결입니다.

실천 8: 하나님의 뜻에 몰입하기

한 가지 목표에만 집중하여 자신의 능력을 최대로 발휘하는 것을 몰입이라고 합니다. 뉴턴은 중력의 법칙을 발견한 비결이 뭐냐는 질문에 "한 가지만을, 그것 한 가지만을 생각했다"고 대답했습니다. 즉 모든 시간과 마음과 에너지를 오로지 주어진 문제 하나에만 집중하면서 그것에 대한 생각과 함께 깨어나고 잠이 드는 것을 몰입이라고 할 수 있습니다.

예수님도 몰입의 삶을 사셨고, 하나님의 뜻에 몰입하셨습니다. 예수님은 하나님의 뜻을 알고 행하는 데에만 초점을 맞추셨습니다(요한복음 6:38, 39). 그래서 생각과 삶의 기반을 오직 성경에만 두셨습니다. 중요한 순간에 필요한 인도와 확신을 얻기 위해 성경을 암송하셨고(마태복음 4:1~11), 제자들을 가르칠 때에도 성경을 토대로 가르치셨습니다(마태복음 9:13). 그 당시 종교 지도자들의 잘못된 생각과 행동을 꾸짖으실 때도 성경을 인용하여 비판하셨습니다(마태복음 12:3~5). 예수님은 하나님의 뜻에만 집중하기 위해 홀로 하나님과 함께하는 시간을 가지셨고(마태복음 14:13), 때로는 금식하셨습니다(마태복음 4:2). 예수님은 자나 깨나 오직 하나님의 뜻만을 생각하셨습니다. 그리고 그것을 삶의 최우선 순위에 두셨습니다(마태복음 16:13~20).

특히 예수님의 마음을 사로잡고 몰입하게 했던 하나님의 뜻은 바로 하나님 나라에 대한 것이었습니다. 하나님이 예수님께 부여하신 사명은 죄 가운데 있는 세상을 회복시켜 하나님 나라가 이루어지도록 하는 것이었습니다. 이를 위해 예수님은 "잃어버린 자를 찾아 구원하셨고"(누가복음 19:10), "만물을 자기와 화목케 하시기"(에베소서 1:10; 골로새서 1:20) 위해 이 땅에 내려오셔서 자신의 삶을 쏟아부으셨습니다.

예수님의 제자인 우리에게도 이런 몰입이 필요합니다. "마음을 다하고 뜻을 다하고 정성을 다하여 주 너의 하나님을 사랑하라"(마가복음 12:30)는 말씀은 다른 것에 마음을 두지 말고 오직 하나님께만 몰입하라는 의미입니다. 몰입한다는 것은 하나님의 뜻이 우리의 생각을 사로잡도록 하는 우리의 적극적인 자세입니다. 예수님처럼 하나님의 뜻에 몰입하기 위해 무엇보다 우리의 생각이 하나님의 말씀에 사로잡히도록 해야 할 것이고, 삶의 모든 영역에서 말씀대로 생각하고 살아가는 훈련이 필요할 것입니다. 무엇보다 하나님 나라를 소망하면서 예수님이 그러셨던 것처럼 영혼 구원과 만물 회복의 비전에 몰입하게 될 때 예수님을 따르는 제자가 되는 것입니다.

실천 9: 하나님만 신뢰하기

예수님은 어떤 어려움과 고난에도 흔들리지 않고 끝까지 하나님의 뜻에 순종하셨습니다. 하나님의 뜻을 따르셨고 성령이 자신을 통해 일하시게 하는 한 자신의 생각과 행동이 옳다는 것을 확신하셨습니다. 예수님은 하나님을 신뢰함으로써 자신의 행동의 결과에 대해 걱정하지 않으셨고 하나님의 뜻에 온전히 순종하실 수 있었습니다(요한복음 14:9~31, 15:1~16).

그리스도의 제자들도 마찬가지입니다. 다만 우리는 죄의 결과로 인해 수많은 문제와 고통 속에 살고 있습니다. 게다가 예수 그리스도를 따르는 것은 하나님의 뜻을 위해 고난과 어려움을 자발적으로 감수하겠다는 결단입니다. 예수님을 따르는 것은 때로는 벼랑 끝에 서 있는 것과 같다는 생각이 듭니다. 벼랑 끝에서 뛰어내려서 모험의 인생을 살라는 음성처럼 들립니다. 하지만 눈에 보이는 현실은 보기만 해도 아찔해지는 낭떠러지뿐입니다. 그 음성을 듣고 뛰어내린다고 해서 살 수 있다는 보장은 전혀 없습니다. 그럼에도 우리가 벼랑 끝에서 뛰어내리라는 명령에 순종할 때 하나님께서 일하십니다. 예수님의 십자가의 순종을 통해 하나님께서 일하신 것처럼 말입니다. 그러한 경험이 쌓여갈 때 우리는 더 큰 벼랑 끝에서 뛰어내릴 수 있는 용기를 가질 수 있게 되며, 하나님에 대한 신뢰는 깊어지게 됩니다.

그리스도의 제자는 인생이라는 배를 항해할 때 자신의 방향타를 하나님의 손에 맡기는 자입니다. 아무리 몸부림쳐도 해결할 수 없는 수많은 문제들을 해결자 되신 예수 그리스도께 맡겨 드릴 때 우리 삶에서 회복의 열매들이 맺히는 것을 볼 수 있을 것입니다.

실천 10: 생각과 삶과 기도를 연결하기

지금까지 생각을 행동으로 옮기는 9가지 실천사항들을 살펴보았다면 마지막 실천사항은 9가지 모두를 포괄하는 동시에 기독교적으로 생각하고 실천하도록 돕는 가장 확실한 지침입니다. 그것은 바로 하나님께 기도함으로써 우리의 생각과 삶을 변화시키도록 성령님의 인도를 구하는 것입니다.

기도는 하나님과의 대화입니다. 기도를 통해 하나님께 나의 생각을 말씀드릴 수 있고, 그에 대한 하나님의 뜻을 들을 수 있습니다. 하나님은 나의 의견에 귀를 기울여주시고 영광스럽게도 하나님 나라를 확장하는 일에 그 소망을 사용해 주시기도 하십니다. 한편 하나님은 기도 가운데 무엇을 위해 기도해야 할지 가르쳐 주시고 나를 향한 위로와 격려를 아끼지 않으시며, 하나님의 사랑 고백을 들려주십니다. 하나님의 뜻에 불순종하는 삶을 꾸짖기도 하시며, 죄를 깨닫게 하셔서 나의 잘못된 생각을 변화시켜 주실 때도 있습니다. 또한 세상을 향한 아버지의 벅찬 기대감과 죄로 인해 파괴된 세상에 대한 하나님의 아파하심을 느낄 수 있도록 해주십니다.

성령님의 온전한 인도하심을 받는 방법은 기도를 통해 우리의 생각이 하나님의 뜻을 이루는 도구가 되도록 내어드리는 것입니다. 이렇게 될 때 하나님을 전적으로 따르면서 자신의 책임을 다하는 그리스도인이 될 수 있습니다. 빌 하이벨스는 이것이 역동적이고 온전하며 흥미진진한 그리스도인의 삶을 사는 비결이라고 다음과 같이 말합니다.

> 성령님의 인도하심에 귀를 기울이라. 그 인도하심들을 시험하라. 그리고 순종하라. 영적인 주사위를 던져라. 믿음의 도박을 하라. 패를 던져라. 하나님과 협력하라. 좀 위태롭거나 비논리적으로 보이더라도 하나님께 "예"라고 대답하라. 그러면 당신은 하나님이 하시는 일들을 보고 놀라서 입이 딱 벌어질 것이다.

우리의 생각이 그리스도의 사랑과 만나지 않는다면 자신의 지식만을 자랑하고 의지하는 교만에 빠지기 쉽습니다. 또한 우리의 생각이 삶의 실천으로 나아가지 않는다면 무책임한 사람이 되기 쉽습니다. 더 나아가 우리의 생각이 기도와 연결되지 않는다면 하나님의 뜻을 온전히 이룰 수도, 이해할 수도 없게 될 것입니다. 그렇다고 생각의 역할을 무시해서는 안 됩니다. 예수님은 우리에게 마음과 뜻(생각)과 힘을 다해 하나님을 사랑하라고 말씀하시면서 생각의 역할을 강조하셨습니다.

생각하는 그리스도인은 곧 기도하는 그리스도인입니다. 생각하는 그리스도인은 자신의 생각과 삶을 변화시키기 위해 최선을 다하는 동시에 변화의 주체이신 성령님을 의지하고 자신의 생각과 삶이 변화되도록 기도하는 자입니다. 이렇게 기도할 때 G. K. 체스터튼의 고백처럼 우리의 삶 곳곳에서 생각과 삶과 기도가 연결되어질 것입니다.

> 당신은 식사 전에 감사기도를 한다. 좋은 습관이다. 하지만 나는 연주회와 오페라를 보기 전에 기도하고, 연극과 판토마임을 보기 전에도 기도하며, 책을 펼치기 전에 기도하고, 스케치, 그림 그리기, 수영, 펜싱, 권투, 산책, 놀기, 춤추기 전에도 기도하며, 펜을 잉크에 적시기 전에도 기도한다.

그러나 우리에게는 하나님과의 대화를 방해하는 것들이 너무나 많습니다. 특히 마음의 분주함은 주파수가 맞지 않아 지지직거리는 라디오처럼 기도를 통해 하나님의 생각을 듣는 것을 방해합니다. 이를 위한 구체적인 해결 방법으로서 기도 일기를 쓰는 것은 큰 도움이 됩니다. 하루를 마감하면서 하나님께 찬양과 감사를 드릴 일은 무엇인지, 하루 동안 고백하고 회개해야 할 나의 죄와 세상의 문제들은 무엇인지, 그리고 예수 그리스도의 이름으로 간구하고 중보해야 할 기도들은 무엇인지를 적어보는 것입니다. 이것은 자신의 하루를 돌아보면서 삶을 점검하고 생각을 정리해 보는 시간이 될 것입니다.

또한 이것은 기도를 통해 크리스천 씽킹의 원리를 우리 마음에 새기고 실천하는 데 큰 도움이 됩니다. 하루를 마감하면서 찬양과 감사의 기도를 드릴 때 하나님이 오늘 자신의 삶을 어떻게 인도하셨는지 생각해 보면서 하나님께 더욱 가까이 나아갈 수 있기 때문입니다. 고백과 회개의 기도를 올려 드릴수록 우리의 삶 속에서 죄를 인식하는 센스는 더욱 민감해질 것이고, 죄로 인해 생겨난 세상 문제들의 실상을 정확하게 이해하게 되어 애통하는 자의 마음을 가지게 될 것입니다. 간구와 중보기도를 하면서 예수 그리스도의 희생적인 사랑을 통해 죄의 영향권에 있던 창조 세계가 다시 회복됨을 확인하게 되며, 우리 역시 예수 그리스도의 회복 사역에 동참하는 제자의 삶을 살게 될 것입니다.

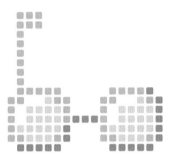

8장

생각하는
그리스도인의 열매

하나님께서 말씀을 통해 우리에게 부여하신 세 가지 명령을 창조명령, 대명령, 대위임령으로
정리할 수 있습니다. 그리고 이 세 가지 명령은 지금까지 이야기한 크리스천 씽킹의 세 가지
원리와 각각 연결되어 있습니다. 하나님에 대한 생각은 창조명령과, 죄에 대한 생각은 대명령
과, 예수 그리스도에 대한 생각은 대위임령과 연결됩니다. 따라서 생각하는 그리스도인이 된
다는 것은 하나님의 명령에 순종하는 것입니다.

생각하는 그리스도인이 되는 것은 명령이다

하나님은 사람을 창조하시고 땅 위에 거하게 하실 때에 그들에게 창조명령을 주셨다. 인류가 죄로 인해 타락한 후에 하나님은 여러 계명들을 추가로 주셨는데, 예수님은 그것을 대명령으로 요약하셨다. 하나님은 우리에게 순종으로 그분을 섬기는 것이 무엇을 의미하는지 가르치셔야 했다. 예수님의 죽음과 부활 후 성령의 부으심이 임박하였을 때, 예수님은 창조명령, 대명령과 아울러 대위임령을 보충해 주셨다. 대위임령(The Great Commission)은 그리스도의 구속과 화해를 통해 우리에게 하나님의 동역자가 되는 특권을 부여해 주신 것이다.

해로 반 브루멜른, 「기독교적 교육과정 디딤돌」 중에서

이처럼 하나님께서 말씀을 통해 우리에게 부여하신 세 가지 명령을 창조명령, 대명령, 대위임령으로 정리할 수 있습니다. 그리고 이 세 가지 명령은 지금까지 이야기한 크리스천 씽킹의 세 가지 원리와 각각 연결되어 있습니다. 하나님에 대한 생각은 창조명령과, 죄에 대한 생각은 대명령과, 예수 그리스도에 대한 생각은 대위임령과 연결됩니다. 따라서 생각하는 그리스도인이 된다는 것은 하나님의 명령에 순종하는 것

입니다.

하나님에 대한 생각과 창조명령
|

하나님이 그들에게 복을 주시며 그들에게 이르시되 생육하고 번성하여
땅에 충만하라, 땅을 정복하라, 바다의 고기와 공중의 새와 땅에 움직이는
모든 생물을 다스리라 하시니라

창세기 1:28

하나님은 그분이 창조하신 세상을 다스리는 청지기직을 감당하도록
우리에게 창조명령을 주셨습니다. 따라서 하나님께서 만드신 세상을
공부하는 것은 하나님의 명령에 대한 순종이며, 충성된 청지기가 되기
위해 필요한 준비입니다. 그래서 창조 세계 혹은 문화 가운데 하나님의
목적이 무엇인지 연구하고 배워야 합니다. 또한 배운 것을 각자의 은사
와 부르심에 따라 적용해 가면서 어떻게 하는 것이 세상을 관리하고 개
발하는 데 더 적절한 것인지 끊임없이 탐구할 필요가 있습니다. 이를
위해 창조주 하나님께 지혜를 주시도록 간구해야 합니다. 이것이 하나
님에 대한 생각을 가지고 창조명령에 순종하는 사람의 모습입니다.

1906년 미국 텍사스 주는 바구미 벌레로 인해 목화 재배에 막대한
피해가 발생했습니다. 그 벌레는 급속도로 퍼졌고, 목화를 모조리 갉
아먹어 전멸시키다시피 했습니다. 이로 인해 농민들은 점점 가난에 허
덕이기 시작했습니다. 그때 조지 워싱턴 카버 박사는 농부들에게 목화

밭에 목화 대신 땅콩을 심으라고 권했습니다. 땅콩은 아주 적은 양분만 필요로 할 뿐 아니라 오랫동안 가물어도 잘 자라는 식물이기 때문입니다. 하지만 농부들은 그의 말을 듣지 않았습니다. 목화는 옷을 만드는 데 사용하지만 땅콩은 어린아이들이나 먹는 것이라고만 생각했습니다. 그러나 카버의 지속적인 권유와 땅콩을 재료로 한 합성 물질의 발명으로 인해 땅콩은 나중에 미국 남부의 주요한 농산물이 되었습니다.

카버 박사는 땅콩을 통해 하나님께 영광을 올려 드리는 삶을 살았습니다. 그는 농부들에게 목화 대신 땅콩을 심으라고는 했지만, 가는 곳마다 헛간과 창고에 가득 쌓여서 썩어가는 땅콩을 볼 때마다 죄책감이 들었습니다. 그래서 땅콩을 좀 더 활용할 수 있는 방법에 대해 고민하기 시작했고, 인조 닭고기, 샐러드, 아이스크림, 과자 등 105가지의 땅콩 요리법을 개발했습니다. 또한 땅콩으로 잉크, 물감, 구두약, 연고, 크림, 접착제, 전기 절연판 등 300가지의 물건도 만들었습니다. 그가 땅콩을 음식과 물건으로 개발할 수 있었던 결정적 계기가 그의 신앙에서 비롯되었다는 사실은 다음 이야기에서 알 수 있습니다.

10월 어느 날 새벽, 나는 어찌할 바를 모르고 마음이 괴로워서 해가 뜨기 전에 산속으로 들어갔다. 숲을 거닐다가 동쪽에서 떠오르는 해를 보고 "오, 창조주시여! 당신은 무엇을 하시려고 이 우주를 창조하셨나이까?"라고 물었다. 창조주는 나에게 "너는 너의 작은 소견을 가지고 너무 큰 것을 알려 하지 말고 네게 알맞은 것을 물어보아라"고 말씀하셨다. 그래서 나는 "사람을 무엇에 쓰시려고 세상에 두셨는지 말씀해 주십시오"라고 물었다. 그때 창조주는 "너는 아직도 네가 감당치 못할 큰 것을 묻고 있구나.

그 쓸데없는 것은 묻지 말고 네가 마음속으로 진정 원하는 것이나 말해 보려무나"라고 하셨다. 나는 너무도 엄숙해졌다. 한참만에 마지막으로 말씀 드렸다. "하나님이시어! 당신은 무엇을 하시려고 땅콩을 만드셨습니까?" 그러자 창조주는 "옳지 됐다. 너는 땅콩을 한 줌 들고 실험실로 들어가서 연구를 계속하여라"고 말씀하셨다.

로렌스 엘리엇, 『땅콩박사』 중에서

카버 박사는 그 일 후 먹고 자는 것도 잊다시피 하면서 실험실에 들어가 땅콩 연구에 전념했습니다. 외롭고도 고된 연구를 견뎌내고 수많은 땅콩 개발물들을 만들 수 있었던 힘은 그의 신념에서 비롯된 것이었으며, 곧 창조주 하나님에 대한 믿음이었습니다. 그는 땅콩이 하나님의 창조물임을 인정했습니다. 또한 그 안에 수많은 개발물들이 만들어지도록 가능성을 불어넣어주신 분도 하나님이심을 인정했습니다. 그래서 그의 모든 연구 활동은 창조주 하나님을 인정하고 영광을 올려 드리는 예배와 같았습니다. 카버 박사는 자신이 하나님의 뜻을 위한 거룩한 도구라고 생각했습니다.

카버 박사는 땅콩을 통해 창조주 하나님을 인정했을 뿐 아니라 이웃 사랑을 실천했습니다. 땅콩 개발물로 인해 궁핍하게 찌들었었던 지역 경제가 다시 회복되었고, 특히 자신과 같은 인종인 흑인들까지 부유해졌습니다. 사람들은 카버 박사의 위대한 공적을 기념하기 위해 기념탑까지 세웠습니다. 자신이 인종차별을 받던 흑인이었지만 하나님은 모든 인간의 필요를 염려하신다는 생각으로 땅콩 문제에 관하여 도움이 필요한 곳은 흑인이든 백인이든 상관없이 어떤 보상도 기대하지 않고 최선을 다해 도와주었습니다.

카버 박사는 땅콩을 통해 자신에게 주어진 청지기 사명을 감당했습니다. 땅콩박사라는 그의 별명처럼 땅콩에 대해 끊임없이 연구했으며, 그로 인해 땅콩에 대해 해박한 지식을 가지게 되어 땅콩과 관련된 문제의 해결자가 되었습니다. 그는 땅콩이라는 하나님의 피조물을 자신에게 주신 재능을 통해 관리하고 개발하는 역할을 감당한 것입니다. 그는 하나님이 만들어주신 동물, 식물 및 광물들을 가지고 합성하여 합성 물질을 만들도록 해주셨다고 생각했습니다. 그래서 그는 땅콩을 분해하여 기름, 고무 성분, 당분, 전분 등을 만들었고, 그것을 다시 분해하여 함수탄소, 단백질, 리진, 아미노산으로 만들었습니다. 그리고 이것들에 온도와 압력을 다르게 하여 위에서 이야기한 여러 가지 먹거리와 물건들을 만들었던 것입니다. 이러한 업적으로 인해 조지 카버 박사는 농산물을 이용해 다른 물질을 만들어내는 농산물 응용화학의 선구자로 불립니다.

카버 박사의 이야기는 크리스천 씽킹의 첫 번째 원리인 하나님에 대

땅콩박사로 불리는 조지 카버.

한 생각을 자신의 큰 그림으로 가지게 될 때 우리가 어떤 삶을 살 수 있는지에 대한 모델이 됩니다. 이처럼 보이지 않는 하나님을 바라보는 자는 어느 곳에서나 창조주 하나님을 인정하고 경험하는 삶을 살게 될 뿐 아니라 피조물들을 만드신 창조 목적을 드러내는 삶을 살 수 있습니다. 또한 이를 통해 자신이 누구이며 어떻게 살아야 되는지를 알 수 있습니다. 즉 자신을 향한 하나님의 부르심을 발견할 수 있고 인간을 향한 첫 번째 명령에 순종하게 됩니다. 이 명령에 순종하는 자가 되기 위해 하나님께 다음과 같이 물어보면 어떨까요?

"하나님, 저의 땅콩은 무엇입니까?"

죄에 대한 생각과 대명령

예수께서 가라사대 네 마음을 다하고 목숨을 다하고 뜻을 다하여 주 너의 하나님을 사랑하라 하셨으니 이것이 크고 첫째 되는 계명이요 둘째는 그와 같으니 네 이웃을 네 몸과 같이 사랑하라

마태복음 22:37~39(신명기 6:5, 레위기 19:18 참고)

예수님은 하나님 사랑과 이웃 사랑을 하나로 엮으셨습니다. 하나님을 사랑하는 것으로부터 이웃 사랑이 흘러나오는 것입니다. 그리고 그 사랑은 감상적인 사랑이 아닙니다. 그 사랑은 "마음을 다하고 목숨을 다하고 뜻을 다하는 사랑"입니다. 다시 말해 전적인 헌신과 자기희생적인 사랑을 의미합니다. 이 명령에 순종하기 위해서는 죄로 말미암아 이

미 우리 마음속에 가득 차 있는 자기중심적 사고와 이기적인 욕망을 제거하고 예수님을 닮아가는 것이 필요합니다.

예수님은 명령만 하신 것이 아니라 그 명령을 몸소 실천하셨습니다. 사랑 가운데 진리를 선포하고 가르치셨으며, 죄 가운데 고통당하고 있는 사람들을 볼 때마다 긍휼히 여기며 그들의 필요를 채워주셨습니다. 또한 제자들을 비롯한 많은 사람들이 자신의 다양한 은사를 활용하여 하나님과 이웃을 사랑할 수 있도록 사용하고 발전시키게 하셨습니다. 이처럼 대명령에 있어서 순종하는 삶이란 예수님이 그러셨던 것처럼 자기중심적 삶에서 벗어나 고통 가운데 있는 이웃을 향한 긍휼함을 가지고 자신의 은사를 통해 전적으로 섬기는 것입니다. 이 명령이 우리에게 주어진 것은 바로 이 세상이 죄의 영향력으로 가득한 타락한 세상이기 때문입니다.

『탈무드』를 보면 몸뚱이는 하나인데 머리가 둘 달린 아이 이야기가 있습니다. 이 아이가 두 사람인지 한 사람인지 알아보려고 부모는 랍비에게 데리고 갔습니다. 랍비는 막대기로 아이의 한쪽 머리를 세게 때렸습니다. 그랬더니 맞은 쪽 아이는 얼굴을 찡그리면서 아프다고 야단인데, 다른 쪽 아이는 그것을 보고 히죽히죽 웃기만 했습니다. 그러자 랍비는 "이 아이는 하나가 아니고 둘입니다"라고 대답했습니다.

이 이야기는 애통의 의미가 무엇인지 알려줍니다. 다른 아이의 아픔을 보고 아무 느낌이 없거나 심지어 히죽히죽 웃기만 한다면 그것은 애통하는 모습이 아닙니다. 그렇다고 애통은 단순히 불쌍히 여기는 것도 아닙니다. 애통한다는 것은 세상의 문제들 속에서 죄의 실체를 바라보는 것입니다. 죄로 인해 깨어진 관계들의 실상을 정확하게 이해하는 것입니다. 더 나아가 애통한다는 것은 고통 속에서 신음하고 있는 이들의 마음을 이해하고 공감하는 것입니다. 마땅히 누려야 할 권리와 기쁨을 누리지 못하고 질병, 죽음, 가난, 불의 등의 문제로 힘겨워하는 사람들의 슬픔과 고통을 자신의 것처럼 함께 슬퍼하고 애통하는 자입니다. 또한 예수 그리스도의 십자가를 바라볼 때마다 자신의 죄가 얼마나 큰지 깨닫는 자가 애통하는 자입니다.

인간의 슬픔과 고통으로 인해 하나님 역시 애통해하십니다. 니콜라스 월터스토프는 "하나님은 고통 받는 자들의 하나님일 뿐만 아니라 스스로 고통 받는 하나님이시다"라고 말합니다. 예수님의 주된 관심은 가난하고 소외되고 슬픔과 고통 가운데 있는 사람들이었습니다. 그들과 많은 시간을 함께하셨습니다. 예수님은 그러한 만남 속에서 인간의 모든 슬픔과 고통에 함께 아파하셨고, 심지어 그 문제를 해결해 주기 위해 우리를 대신해 십자가의 고통을 감당하셨습니다. 하나님은 우리를 사랑하셨고, 그렇기 때문에 우리의 고통에 동참하셨습니다. 이처럼 애통은 사랑을 전제로 합니다. 슬픔과 고통 가운데 있는 세상을 바라보며 우리에게 애통하는 마음이 생겨난다면 그것은 우리의 사랑이 회복되어 간다는 증거입니다.

느헤미야도 애통하는 자였습니다. 그는 귀향한 자기 백성들이 큰 고난을 당하고 있다는 소식을 듣고 여러 날 동안 울면서 슬퍼하고 금식하면서 하나님께 다음과 같이 기도했습니다.

하늘의 하나님이신 여호와여, 여호와는 위대하고 두려운 하나님이시며, 주를 사랑하고 주의 계명을 지키는 사람들에게 사랑의 언약을 지키시는 하나님이십니다. 주의 종이 이스라엘을 위해 밤낮으로 드리는 기도를 꼭 들어주십시오. 저희 이스라엘 백성이 주께 지은 죄를 제가 고백합니다. 제 아비의 집과 저 역시 주께 죄를 지었습니다. 저희가 주께 큰 잘못을 저질렀습니다. 주께서 주의 종 모세에게 주신 계명과 규례와 율법을 저희가 지키지 않았습니다.

느헤미야 1:5~7, 쉬운 성경

느헤미야는 자신의 백성들이 당하는 고난을 자신의 고난인 것처럼 며칠 동안 울면서 슬퍼했습니다. 또한 그의 기도 가운데 민족의 죄에 대해 "제 아비의 집과 저 역시 주께 죄를 지었습니다"라고 고백합니다. 느헤미야는 다른 사람의 슬픔과 고통을 자신의 일처럼 여기고 함께 슬퍼하고 고통을 나누는 자였음을 알 수 있습니다. 하나님은 그러한 느헤미야의 마음의 소원을 들어주시고 예루살렘 성벽을 재건하는 지도자로 사용하셨습니다. 이를 통해 느헤미야는 애통하는 마음을 품고 괴로워한 것으로 끝나지 않고 자신의 문제와 민족의 문제를 해결하는 인생을 살았던 것입니다.

테레사 수녀 역시 애통하는 자였습니다. 그녀는 불평등한 카스트제도 아래에서 허덕이는 인도의 빈민가 사람들의 고통을 보았습니다. 특히 기쁨의 도시라고 불리는 캘커타의 가장 빈곤한 지역에서 굶주림과 질병에 시달리고 있는 수백만 명의 사람들을 보았습니다. 그들의 고통을 보면서 자신도 고통을 느꼈습니다. 그리고 그들이 고통에서 벗어나도록 하는 일을 자신의 인생에서 가장 중요한 목표로 삼았습니다. 이를 위해 무릎까지 닿는 더러운 하수구와 오물 사이를 오고가면서 평생을 그들을 위해 살았습니다. 그녀는 다른 사람들이 고통에서 벗어나도록 돕는 것이 자신의 고통을 줄여준다고 말했으며, 다른 사람들이 자신의 헌신으로 인해 더 나은 삶을 살 수 있다는 것이 자신을 즐겁고 참된 인생을 살아가게 한다고 고백합니다. 이처럼 그녀는 애통하는 자만이 받을 수 있는 위로라는 하늘의 복을 받았습니다.

모세는 민족의 죄악을 바라보며 애통해했으며, 자신의 이름을 생명책에서 제할지언정 자기 민족을 살려달라고 하나님께 매달렸습니다. 아브라함은 타락한 소돔과 고모라를 보며 애통해했습니다. 눈물의 선지자 예레미야는 이스라엘 민족이 멸망하고 그 백성들이 포로로 잡힐 것을 예언하면서 이스라엘에게 회개할 것을 눈물로 호소했습니다. 예수님은 멸망당할 예루살렘을 생각하면서 눈물을 흘리셨습니다. 죄에 대한 생각은 우리가 죄로 인해 파괴되어진 세상을 바라보며 애통하는 마음을 가지게 합니다. 그 애통하는 마음으로 살아갈 때 우리는 하나님과 이웃을 사랑하는 대명령에 순종할 수 있게 됩니다.

점점 분주해지는 삶 속에서 다른 사람의 어려움을 보더라도 마음 아파하고 함께 걱정하고 슬퍼하는 일이 점점 줄어드는 것만 같습니다. 예수님을 처음 만났을 때에는 작은 죄에도 부끄러워하고 마음 아파했지

테레사 수녀는 캘커타의 빈민들이 고통을 벗어나도록 하는 일을 자신의 인생에서 가장 중요한 목표로 삼았다.

만 이제는 아무리 큰 죄를 지어도 마음이 무감각한 것을 보게 됩니다. 이러한 상황 속에서 자신에게 던질 질문은 바로 이것입니다.

"나에게 예수님과 테레사 수녀와 같은 애통함이 있는가?"

예수님에 대한 생각과 대위임령

|

창조주 하나님은 죄 많은 세상 가운데서도 여전히 일하고 계십니다. 죄의 영향력이 온 우주에 미치고 있음에도 불구하고 밝은 태양이 그 빛을 잃지 않고 변함없이 동쪽에서 떠서 서쪽으로 지는 것, 이상 기후의 영향을 받지만 봄, 여름, 가을, 겨울의 사계절이 때를 따라 바뀌는 것은 바로 신실하신 하나님이 지금도 모든 만물을 위해 일하고 계신 증거입니다. 그러나 하나님은 죄의 영향력 가운데 있는 창조 세계 자체를 만족해하지 않으십니다. 하나님은 인간을 포함한 피조 세계를 너무나 사랑하시기 때문에 죄의 영향력 아래에서 완전히 벗어나기를 간절히 원하십니다. 그래서 하나님은 죄에 대한 근원적인 해결책을 실행하셨습니다. 그 해결책은 바로 우리의 능력이 아닌 예수 그리스도의 십자가와 부활의 능력입니다. 그리고 새롭게 변화된 사람들, 즉 그리스도의 제자들을 통해 하나님을 인정하고, 이웃을 사랑하고, 청지기로서의 사명을 감당하여 세상을 회복하도록 하셨습니다.

예수께서 나아와 일러 가라사대 하늘과 땅의 모든 권세를 내게 주셨으니

그러므로 너희는 가서 모든 족속으로 제자를 삼아 아버지와 아들과 성령의

대위임령은 예수 그리스도의 제자답게 생각하고 살아가라는 명령입니다. 예수님이 이 세상의 슬픔과 고통의 근본적인 원인인 죄의 문제를 해결해 주셨지만, 이 세상은 여전히 수많은 문제들로 가득차 있습니다. 예수님은 이러한 문제들을 제자들이 해결하도록 위임하셨습니다. 다시 말해 그리스도인들은 예수님의 회복 프로젝트에 참여하도록 부르심을 받은 자들입니다. 예수님은 그 회복 사역에 동참하도록 하기 위해 우리에게 제자 삼기 명령을 주셨습니다. 주목할 점은 제자 삼기의 대상이 개개인이 아닌 민족(nation)이라는 것입니다. 이것은 회복의 영역이 영혼의 문제뿐만 아니라 민족을 이루는 생각과 문화까지도 포함한다는 의미입니다. 예수님의 구원이 깨어진 하나님과의 관계를 회복하는 것에서 시작해 깨어진 이웃과의 관계가 회복되고 잘못된 관습과 문화까지도 개혁되는 데까지 나아가도록 하는 것입니다. 이것이 곧 '우리에게 분부한 모든 것'이며, 예수님을 영접한 자들에게 이것을 가르쳐 지키도록 하는 것이 제자로서의 사명입니다.

한마디로 그리스도의 제자가 된다는 것은 예수님이 가신 길을 따르는 것입니다. 예수님은 이 땅에 순전히 영적 순례자의 길을 걷기 위해 오신 것도 아니고 새로운 사회질서를 창조하려는 사회개혁가의 길을 걷기 위해 오신 것도 아니었습니다. 예수님은 죄의 영향력이 있는 곳이라면 어디든지 관심을 가지고 그곳에 하나님의 뜻이 이루어지도록 하셨습니다. 사람들의 마음에서부터 창조 세계 구석구석까지 정의와 평화가 가득해지길 소망하셨습니다. 예수 그리스도의 제자로서 우리가 할 일은 조소와 비난과 저항을 받는다 할지라도 하나님의 뜻을 가지고 세상 곳곳으로 나아가는 것입니다. 예수님이 그러셨던 것처럼 영적인 면과 현실적인 면의 균형을 잡으면서 말입니다. 레슬리 뉴비긴은 그리스도의 제자가 된다는 것을 다음과 같이 설명하고 있습니다.

> 그리스도인의 제자도란 부활의 능력 가운데 예수님이 가신 길을 따르는 삶이다. 예수님의 길은 순전히 내적인 영적 순례의 길도 아니고 새로운 사회질서를 창조하려는 현실 정치의 길도 아니다. 그것은 예수님이 걸어가신 길을 밟는 것이다. 그것은 곧 희망적이긴 하지만 비난받기 쉬운 주장을 가지고 세상의 경제와 정치의 중심부로 나아가는 것이다. 그것은 자신이 어떤 행동을 취해서 얻는 결과로서가 아니라 오직 하나님의 은혜로 말미암는 정의와 평화의 세상을 추구한다. 이러한 제자도는 사적인 영역뿐만 아니라 공적인 영역 모두에 공평하게 관심을 기울인다. … 그것은 보이지 않는 하나님의 주권을 가시적으로 볼 수 있도록 해주는 여러 표지들을 제공해 줄 것이다.

윌리엄 캐리는 그러한 그리스도의 제자 중 한 사람입니다. 직공의 아들로 태어난 윌리엄 캐리는 구두수선공으로 일하던 중 하나님의 부르심을 받고 인도 선교사가 되었습니다. 인도에 함께 간 가족들이 재정적으로, 그리고 질병 때문에 고통을 당했습니다. 심지어 아내가 오랫동안 정신 질환을 앓는 등 많은 고난을 겪었지만, 그의 선교 사역은 멈추지 않고 지속되었습니다.

그는 복음 전도뿐만 아니라 인도의 가난한 어린이들을 위해 최초로 남녀공립학교를 세우고, 그들의 건강을 돌보기 위해 의료 진료소를 경영했습니다. 또한 벵골어를 비롯한 여러 가지 인도어로 성경을 번역하는 일을 시작했습니다. 이러한 노력은 구두수선공이었던 그가 벵골의 문학과 산문 분야의 발전에 크게 기여한 언어학자로 평가를 받는 계기가 되었습니다.

그는 또한 모든 사람들이 하나님 앞에 동등해야 함에도 불구하고 카스트제도와 다양한 민족으로 구분된 인도의 절망적인 상황에 대해 안타까움을 가졌습니다. 그래서 인도 사회의 평등을 위해 노력했습니다. 특히 인도 문화의 잘못된 관습 중 하나인 사티 의식을 깨뜨리기 위해 노력했습니다. 그것은 남편이 죽으면 그 아내도 같이 화장시키는 제도였습니다. 이러한 비인간적인 관습을 추방하기 위해 다른 선교사들과 함께 캠페인을 벌이는 등 수년 간 끊임없이 노력한 결과, 사티 의식이

인도 선교사 윌리엄 캐리

법으로 금지되게 되었습니다.

이처럼 윌리엄 캐리는 교사로, 언어학자로, 사회개혁자로, 선교사로 일하면서 인도 민족을 제자 삼기 위해 자신의 생애를 바쳤고, 인도의 가장 좋은 친구가 되었습니다. 그는 소외당한 영혼들이 하나님을 만나 그들의 영적인 갈급함을 채우기를 원했고, 참된 기쁨을 누리길 원했습니다. 또한 죄의 쇠사슬로 억압되어 슬픔과 고통 속에 있는 인도 문화를 회복하는 데 앞장섰습니다.

그러나 그가 40년의 선교 사역을 통해서 얻은 신자는 고작 12명에 불과합니다. 그래서 영혼 구원만을 선교의 목표로 볼 때 그는 실패한 선교사일지 모릅니다. 하지만 사람들은 그리스도의 제자로 살아간 그의 삶을 칭송하면서 그를 '제2의 종교개혁의 아버지'로 불렀고, 특히 인도 사람들은 '마하트마(가장 위대한 성자)'라는 칭호를 그에게 붙여줄 정도로 존경했습니다. 그 이유는 그리스도의 제자로서 구령의 열정을 가지고 인도의 영혼들에게 복음을 전하기 위해 힘썼을 뿐만 아니라 가난에 찌들고 카스트제도의 쇠사슬에 억압된 절망의 인도 땅이 회복하는 데 전념했기 때문입니다. 그는 '민족을 제자 삼으라'는 예수님의 명령에 순종하기 위해 최선을 다했던 그리스도의 제자였습니다. 예수님을 주님으로 따르고 그분의 대위임령에 순종하는 자가 되기 위해 스스로에게 던진 질문은 바로 이것입니다.

"나는 그리스도의 참된 제자인가?"

생각하는 그리스도인은 축복이다

난지도는 원래 난꽃과 영지가 자라던 곳이었고, 오리가 물 위에 떠 있는 모습과 비슷해서 오리섬 혹은 압도(鴨島)라고 불렸던 아름다운 섬이었습니다. 그러나 1977년에 제방이 만들어진 후 서울의 쓰레기 매립지로 이용되어 악취와 오염만이 가득한 섬이 되었습니다. 그런데 1993년에 생태공원으로 조성되었고, 2002년 "대~한민국!"의 함성을 전 세계에 울려 퍼지게 한 진원지로 새롭게 변모했습니다. 지금은 서울 시민들이 자주 왕래하는 도시 속의 쉼터로 사랑받고 있습니다. 이와 같이 난지도의 변천사는 하나님께서 만드신 세상의 변천사와 너무나 흡사합니다. 하나님께서 보시기에 좋았더라고 말씀하신 아름다운 세상, 그러나 죄로 말미암아 썩어가고 파괴되어가는 세상, 그리고 예수님을 통해 다시 원래 모습보다 더 온전한 세상으로 만들어지는 세상 등 우리는 그 세상 속에서 회복의 사명을 가지고 살아가는 그리스도인입니다.

이러한 회복 사역에 동참하려는 그리스도인들이 받는 축복은 먼저 놀라운 해방감입니다. 온 세상의 주인 되신 하나님을 인정하게 될 때 지금 자신이 하는 일이 종교적인 일이 아니라 해도 하나님이 보시기에는 굉장한 가치가 있는 일로 인정받을 수 있습니다. 그렇게 될 때 '사업가로서 나는 더 이상 2등급 시민이 아니다'라고 고백할 수 있습니다. 월요일 아침에 사무실에 출근하는 순간 주일에 고백했던 신앙과 기독교적인 가치관을 모두 내려놓을 필요도 없습니다. 어느 때든지, 어디에 있든지, 무슨 일을 하든지 그것이 크리스천 씽킹의 세 가지 원리와 연결되는 것이라면 하나님 나라를 확장하는 데 기여하는 거룩한 삶이 될 수 있습니다.

우리가 이처럼 하나님으로부터 인정받는 가치 있는 삶을 살게 될 때 사람들이 우리의 삶을 보고 그리스도께로 돌아오게 된다면 큰 축복이 아닐 수 없습니다. 더 이상 말과 논리가 강조되는 전통적인 전도와 변증은 효과가 없습니다. 포스트모던 세계에 사는 사람들은 종교를 포함한 모든 것에 대해 객관적 타당성보다 그것이 자신의 삶에 어떤 유익한 영향을 끼치는가에 따라 관심을 가집니다. 따라서 기독교가 진리임을 논증하는 데 성공한다 해도 그것을 삶의 모습으로 보여주지 못한다면 다른 사람을 설득하기 어렵습니다.

우리가 기독교를 사적인 은둔처나 편안한 안식처 정도로 취급하면 안 됩니다. 오히려 수많은 삶의 문제들을 해결해내는 확고한 신념이자 탁월한 해결책으로 받아들이는 것을 보여줄 때 사람들도 비로소 기독교의 메시지를 경청하고 그리스도를 받아들이는 계기가 될 것입니다. 이처럼 입술의 고백이 아닌 삶의 고백, 즉 생각하는 그리스도인의 총체적 삶이야말로 복음을 증거하는 도구가 되는 시대에 살고 있습니다.

그리스도인의 삶을 보여준다는 것은 거창한 일에만 해당되는 것이 아닙니다. 오히려 작은 일상의 삶에서 우러나오는 우리의 신앙이 더 큰 영향력을 발휘할지도 모릅니다. 한 집사님이 옆집에 사는 이웃에게 복음을 전하기 위해 성경공부도 하고 여러 방법으로 복음을 전했습니다. 하지만 그 이웃은 복음을 받아들이지 않았습니다. 하루는 두 사람이 함께 장을 보고 집으로 돌아오다가 신호등을 기다리고 있었습니다. 이때 그 집사님이 하늘을 바라보며 '정말 아름다운 하늘이야, 하나님은 정말 멋진 예술가야'라고 고백했습니다. 나중에 그 이웃은 예수님을 영접하고 교회를 다니게 되었고, 간증을 하는 시간에 그때 그 집사님의 고백이 자신의 마음을 열게 한 계기가 되었다고 말했습니다. 이처럼 우리의 신앙이 삶과 연결될 때 비로소 복음의 능력이 우리를 통해 흐르게 됨을 볼 수 있습니다. 이것이 바로 우리가 신앙과 삶을 연결해서 생각하는 그리스도인이 되어야 할 이유입니다.

생각하는 그리스도인은 영적이다

생각하는 그리스도인이 된다는 것은 단지 지적인 활동이 아닙니다. 왜냐하면 그것은 단지 책을 읽고 토론하는 것 이상의 의미를 가지고 있기 때문입니다. 생각하는 그리스도인이 된다는 것은 영적인 삶의 토대 위에서만 가능합니다. 왜냐하면 우리의 생각이 변화되는 것은 우리의 자아가 죽고 그리스도가 우리의 주인이 될 때에만 비로소 가능하기 때문입니다.

예수님은 제자들에게 "나를 따라오려는 사람은 자기를 부인하고 날마다 자기 십자가를 지고 나를 따라 오너라"(누가복음 9:22~23)고 말씀하셨습니다. 따라서 그리스도의 제자로서 기독교적 사고를 계발한다는 것은 날마다 자신의 생각을 포기하고 그리스도의 생각을 따라 살아가는 것입니다. 하지만 지금까지 익숙해져 있는 사고방식과 삶을 변화시킨다는 것은 피곤하고 고통스러운 일이며, 때로는 자신의 유익을 포기하는 일이며, 비판과 비웃음을 받는 일일 수도 있습니다. 그럼에도 성경은 예수 그리스도를 따르기 위해 먼저 고난을 받게 될 때 우리 역시 그리스도와 함께 영광을 받게 된다고 이야기하고 있습니다(로마서 8:17).

프랜시스 쉐퍼는『진정한 영적 생활』이라는 책에서 진정한 영적 생활에 대해 다음과 같이 설명하고 있습니다. "그것은 매순간 하나님과 더불어 인격적인 교통을 가짐으로 성령님의 대행 사역으로 나를 통해 현재의 삶 가운데서 그리스도의 진리가 흘러나오게 하는 것이다." 이것이 바로 성경적 사고를 계발해야 하는 분명한 이유입니다. 예수 그리스도와의 만남과 성령님의 인도하심을 받음으로 날마다 자신 안에 있는 세상적인 생각은 죽고, 하나님의 뜻에 맞는 생각이 살아나도록 하는 것이 필요합니다. 그리고 어떠한 어려움과 방해에도 불구하고 하나님의 뜻을 실천하기 위해 노력하는 삶을 살아가는 것이 바로 그리스도의 제자로서의 삶입니다.

사람들은 자신에게 영향을 주는 대상을 모방하는 성향이 있습니다. 자신도 모르게 제스처를 따라하기도 하고 심지어 목소리까지 닮는 경우도 있습니다. 배우자를 선택할 때도 긍정적이든 부정적이든 부모의 이미지가 큰 영향을 주기도 합니다. 부부 역시 시간이 지나면 닮는다는 말이 있습니다. 시간이 지날수록 서로 영향을 주고받으면서 생각과 느낌까지 공유하게 되기 때문입니다.

예수 그리스도의 제자가 된다는 것은 예수님의 생각대로, 삶의 방식대로 살아가는 것을 의미합니다. 참된 제자가 된다는 것은 다른 무엇보다 스승 되신 예수님에게서 가장 큰 영향을 받는다는 것입니다. 그리스도의 제자로서 그분의 모든 것을 하나하나 따르게 될 때 예수님의 생각과 삶을 닮아가게 될 것이고, 무엇보다 예수님의 회복 사역에 대한 열정과 헌신을 배우게 될 것입니다.

생각하는 그리스도인은 공동체적이다

진화론자들이 진화론적 관점에서 학문을 연구하고, 페미니스트들이 그들의 관점을 토대로 역사와 문화를 해석하는 것처럼 그리스도인들이 어떤 문제에 대해서 기독교적으로 생각하는 것은 자연스러운 일입니다. 그러나 오늘날의 많은 그리스도인들은 하나님의 창조 세계를 기독교적으로 생각하는 일에는 별로 관심이 없습니다. 그래서 개인과 교회와 가정에서는 그리스도인답게 생각하고 살아갈지는 몰라도 그 외의 영역, 특히 공적인 영역에서는 세상적인 관점과 가치관을 무분별하게 받아들이는 경우가 많습니다. 결국 세상 속의 무기력한 그리스도인이 되고 마는 것입니다.

따라서 이것을 극복하기 위해 관심을 가지고 훈련해야 할 부분이 크리스천 씽킹, 즉 '기독교적으로 생각하기'입니다. 그러나 이것은 개개인의 노력만으로는 불가능한 일입니다. 어떤 일에 대해 기독교적 관점을 정리한다는 것은 혼자의 일이 아닌 함께 고민하고, 토론하고, 성경을 공부하고, 기도하면서 생각을 모아가는 공동체를 통해서만이 가능한 일입니다. 이러한 공동체는 기독교적인 생각만을 정리하는 것뿐만 아니라 그것을 각자의 삶 속에서 실천하도록 도전하고 격려하는 공동체입니다. 이러한 공동체의 구성원들은 세상 속에서 빛과 소금으로서의 영향력을 발휘하게 될 것입니다. 또한 동시에 변하지 않으려는 세상의 저항을 받게 될 것입니다. 『그리스도의 비전』에서 월쉬와 미들튼은 이러한 공동체의 필요성을 다음과 같이 이야기하고 있습니다.

> 개인을 위축시키고 격리시키는 우리 문화의 성격에 직면해서 생활 체험을 공유한 공동체에게 의지해야 하는데, 이 공동체는 헌신된 신앙을 촉진시키고 개인으로 하여금 문화의 설계에 대하여 비판하고 도전할 수 있게 만들어주는 그런 공동체이다. 이런 목표들이 성취될 수 있는 가장 유효한 수단은 공동체적으로 공유된 기독교의 생활이다.

이처럼 서로를 격려하고 서로를 위해 기도해 주고 실질적인 지원을 아끼지 않음으로써 그리스도인들이 삶의 모든 영역에서 기독교적으로 생각하고 살아가도록 돕는 공동체가 필요합니다. 이러한 공도체 속에서 그리스도인들은 삶의 모든 영역에서 자신을 하나님께 제물로 드리는 예배자의 삶을 살아갈 수 있을 것이며(로마서 12:1), 하나님 나라의 확장에 기여하게 될 것입니다. 이러한 공동체는 바로 우리가 섬기고 있는 교회가 되어야 할 것입니다.

나 자신을 먼저 변화시킨다면

하나님 나라의 확장은 거창한 일을 시작하는 것이 아닙니다. 그것은 나 자신의 변화에서부터 시작됩니다. 따라서 우리가 할 수 있는 최선의 일은 세상과 사람들을 변화시키는 것이기보다 자기 자신을 변화시키는 것입니다. 그리스도의 제자요 하나님의 일꾼으로 적합하도록 매일 자기 자신을 내어드리는 것입니다. 이를 통해 어떠한 열매들이 맺어질지 정확하게 알지 못합니다. 하지만 확신하는 것은 하나님께서 우리의 변화된 생각과 삶을 사용하셔서 사람들의 흐르는 눈물을 닦아주는 데, 그리고 피조물의 신음 소리를 멈추게 하는 데 사용하실 것입니다. 아래의 고백은 온 세상의 변화가 바로 나 자신으로부터 시작되는 것임을 우리에게 도전하고 있습니다. 모든 변화의 출발은 자신의 생각과 삶의 변화에서 시작된다는 것을 아는 그리스도인들이 다시 오실 예수님을 기다리며 각자의 부르심의 장소에서 하나님 영광, 이웃 사랑, 세상 섬김을 실천함으로써 회복의 열매가 주렁주렁 맺히는 하나님 나라가 확장되어져 가기를 간절히 소망합니다.

내가 젊고 자유로워 상상력의 한계가 없을 때,
나는 세상을 변화시키겠다는 꿈을 가졌었다.
좀 더 나이가 들고 지혜를 얻었을 때,
나는 세상이 변하지 않으리라는 것을 알았다.
그래서 시야를 약간 좁혀서 내가 살고
있는 나라를 변화시키겠다고 결심했다.
그러나 그것 역시 불가능한 일이었다.
황혼의 나이가 되었을 때 나는 마지막 시도로,
나와 가까운 내 가족을 변화시키겠다고 마음을 먹었다.
그러나 아무도 달라지지 않았다.
이제 죽음을 맞이하기 위해 누운 자리에서 나는 깨닫는다.

만일 내 자신을 먼저 변화시켰다면,

그것을 보고 내 가족이 변화되었을 것을….

또한 그것에 용기를 얻어

내 나라를 더 좋은 곳으로 바꿀 수 있었을 것을….

그리고 누가 아는가?

세상까지도 변화되었을지도….

웨스트민스터 사원에 있는 한 영국성공회 주교의 묘비 글에서 이 책을 쓰기까지 많은 사람들의 도움을 받았습니다. 먼저 프랜시스 쉐퍼 박사님께 감사를 드리고 싶습니다. 제가 천국에 가면 예수님 다음으로 만나고 싶은 분이 쉐퍼 박사입니다. 직접 만난 적은 없지만 그분의 책을 읽으면서 수많은 대화를 했고, 인생을 어떻게 살아야 할지 방향을 제시해 주신 고마운 분입니다. 무엇보다 기독교세계관 교육가의 길을 가도록 인생의 모델이 되어주신 분입니다.

또한 내 인생의 든든한 멘토인 신응종 목사님(대구 IVF 대표), 양승훈 교수님(VIEW 밴쿠버기독교세계관대학원 원장), 주혜경 박사님(IMI 대표) 께도 감사를 드리고 싶습니다. 세 분의 공통점을 한 마디로 말하면, '날마다 꿈을 이루어가는 지치지 않는 열정'입니다. 그분들이 자신의 꿈을 이야기하고 그 꿈을 위해 사는 것을 가까이에서 지켜볼 수 있었던 것은 저에게 큰 축복이었습니다. 그 덕분에 저는 다음세대를 위한 기독교세계관 교육의 꿈을 발견하고 응답하는 삶을 살 수 있게 되었습니다.

기독교세계관교육센터(이하 CTC) 사역이 있기까지 기도와 격려를 아끼지 않았던 (사)기독교세계관학술동역회 회원들과 샘물기독초등학교 교직원들께도 감사의 마음을 전합니다. 특별히 조성표 교수님, 김승욱 교수님, 나용균 총무님, 김혜정 간사님, 정은희 간사님, 최외숙 간사님, 김준이 간사님, 배은경 간사님, 권신우 선생님, 한부익 목사님께 감사의 마음을 전하고 싶습니다.

또한 어린이세계관학교와 월드뷰패밀리아카데미를 통해 만난 부모 선생님들과 아이들에게도 감사의 마음을 전합니다. CTC의 사명에 동참하여 함께 하나님이 주신 꿈을 향해 나아가는 든든한 동역자인 안성희 실장님, 김영중 목사님, 정문선 연구원, 김영균 연구원, 이미희 연구원께도 감사의 마음을 전합니다.

또 이 책을 쓰는 데 있어서 결정적인 역할을 했을 뿐 아니라 특유의 입담으로 부족한 사람을 격려해 주고 힘이 되어준 조현철 형제님께도 감사를 드립니다.

생각만 해도 눈가가 촉촉해지게 하는 사랑하는 가족들에게도 감사를 드립니다. 특히 양가 부모님들의 희생과 사랑이 없었다면 지금의 제가 이런 삶을 살 수 없었을 것입니다. 지금도 오직 자식 잘되기를 바라는 마음으로 기독교세계관 교육가라는 전혀 듣도 보도 못한 길을 가는 자식을 보듬어주시는 부모님들이십니다.

무엇보다 아내의 섬김과 헌신이 없었다면 이러한 삶을 살아가는 것은 꿈도 꾸지 못했을 것입니다. 지금도 늘 옆에서 큰 힘이 되어줄 뿐만 아니라 이제는 기독교세계관 교육의 동역자로 함께하고 있는 아내 임수희에게 감사의 마음을 전합니다.

마지막으로 나의 사랑스런 자녀들인 시온, 예슬 그리고 하민이에게 이 책을 헌정하고 싶습니다. 이 책이 우리 아이들에게 삶의 모든 영역에서 하나님 말씀대로 생각하고 살아가는 그리스도의 제자가 되는 데 큰 도움이 된다면 지금까지의 모든 수고에 대한 충분한 보상이 될 것입니다. 우리 아이들이 각자의 부르심의 장소에서 하나님의 일꾼이 되어 온 가족이 함께 하나님 나라를 확장해 가는 데 귀하게 쓰임 받는 날을 꿈꾸어 봅니다.

기독교세계관교육센터에서

유경상

기독교적 사고를 돕는
CTT 6단계

CTT를 통한 기독교적 사고 계발은 예수 그리스도의 복음을 받아들이고 성령의 능력을 통해 변화된 마음을 전제로 합니다. 기독교적 사고의 출발은 신앙에 기초하기 때문입니다. 이것을 바탕으로 자신의 신앙을 마음과 삶 가운데 실행으로 옮겨갈 때 기독교적 사고는 점점 계발되어집니다. 이를 통해 점점 신앙과 삶의 통합이 이루어지게 될 것입니다. 그래서 세상 속에서도 기독교적 영향력을 끼치는 삶을 살게 될 것입니다.

기독교적 사고 레시피

|

맛있는 요리를 만들기 위해서는 요리의 조리법과 특별한 비법을 담은 레시피(recipe)가 필요합니다. 특히 요리를 처음 하는 사람들에게 레시피는 꼭 필요한 준비사항입니다. 사실 요리의 달인이 되면 레시피를 보지 않더라도 환상적인 요리를 만들 수 있을 것입니다. 이미 그들의 머리와 손은 레시피가 필요 없을 정도로 요리를 만드는 데 숙련되어 있기 때문입니다. 그러나 요리를 입문하는 사람들이 그러한 달인이 되기 위해서는 왕도가 없습니다. 단지 레시피를 보며 차근차근 요리를 해 보는 것이 요리를 배우는 첫 단계입니다.

기독교적으로 사고한다는 것도 마찬가지입니다. 예수님을 영접했다고 해서 저절로 기독교적인 생각을 갖게 되는 것이 아닙니다. 교회를 오래 다녔다고 해도 이러한 사고 훈련에 익숙지 않다면 기독교적으로 생각한다는 것에 대해 막연함을 느낄 것입니다. 그래서 기독교적 사고가 계발되기 위해서는 요리의 레시피와 같은 것이 필요합니다. 이 책에서는 그것을 '크리스천 씽킹 툴(CTT; Christian Thinking Tool)'이라고 부릅니다. CTT는 그리스도인들이 기독교적 사고를 할 수 있도록 하여 신앙과 삶의 통합을 돕는 체계적이고 효과적인 도구입니다.

그러나 CTT만이 기독교적으로 사고하는 유일한 방법이라고는 할 수 없습니다. 하나님 말씀에 기초한 다양한 기독교적 관점과 사고 방법이 존재할 것입니다. 하나의 관점이(비록 그것이 성경에 기초해서 나온 것이라 해도), 그리고 탁월한 사고 방법이라 해도 성경을 대신할 수 없습니다. 다만 CTT는 지금까지 이야기해 온 성경에 기초한 크리스천 씽킹의 세 가지 원리인 하나님, 죄, 예수 그리스도에 대한 생각이 우리의 생각과 삶에 열매를 맺을 수 있도록 돕는 기독교적 사고 방법의 하나로서 의미가 있다고 봅니다.

공자는 "들은 것은 잊어버리고, 본 것은 기억만 되지만 직접 해본 것은 이해된다"고 말했습니다. 이처럼 어떤 지식이 자신의 것이 되기 위해서는 직접 경험해 보는 것만큼 좋은 방법은 없습니다. 경험을 하면 할수록 이해되고 익숙해지게 됩니다. CTT는 바로 기독교적인 관점을 듣고 기억하는 것으로 끝나는 것이 아니라 실제로 체험해 보도록 하는 것입니다. 이를 통해 크리스천 씽킹의 원리를 이해하고 실제로 자신의 삶에 적용해 가는 것이 익숙해지도록 하는 것입니다.

CTT를 통한 기독교적 사고 계발은 예수 그리스도의 복음을 받아들이고 성령의 능력을 통해 변화된 마음을 전제로 합니다. 기독교적 사고의 출발은 신앙에 기초하기 때문입니다. 이것을 바탕으로 자신의 신앙을 마음과 삶 가운데 실행으로 옮겨갈 때 기독교적 사고는 점점 계발되어집니다. 이를 통해 점점 신앙과 삶의 통합이 이루어지게 될 것입니다. 그래서 세상 속에서도 기독교적 영향력을 끼치는 삶을 살게 될 것입니다. 세상 속의 빛과 소금은 듣기만 하거나 말만 하는 사람들이 아니라 하나님의 뜻을 실천하는 사람들을 가리키기 때문입니다.

기독교적 사고를 돕는 CTT 6단계 계획서

CTT 6단계는 다음과 같은 질문들로 이루어집니다.

1단계 : 하나님(God)은 이 세상을 왜 만드셨나?

2단계 : 이 세상은 무엇이 잘못(Sin)되었는가?

3단계 : 세상과 관련된 문제의 해결책(Jesus)은 무엇인가?

4단계 : 이를 위해 내가 할 수 있는 일(Action)은 무엇인가?

5단계 : 이러한 삶을 살 때 어떠한 결과들(Product)이 생길 것인가?

6단계 : 이를 위해 기도해야 할 것(Prayer)은 무엇인가?

1단계 | 하나님(God)은 이 세상을 왜 만드셨나?

1단계는 크리스천 씽킹의 첫 번째 원리인 '하나님에 대한 생각'에 해당됩니다. 이것은 하나님께서 이 세상을 창조하시고 다스리고 계시다는 것을 전제로 한 것입니다. 또한 모든 창조물에는 하나님의 창조 목적이 있음을 전제로 합니다. 따라서 첫 번째 질문을 통해 우리가 다루고자 하는 주제에 대한 하나님의 창조 목적에 대해서도 생각해 볼 수 있을 것입니다.

2단계 | 이 세상은 무엇이 잘못(Sin)되었는가?

2단계는 크리스천 씽킹의 두 번째 원리인 '죄에 대한 생각'과 관련된 것입니다. 이것은 인간의 죄가 모든 관계를 파괴하고 창조 목적을 왜곡했다는 것을 전제로 합니다. 따라서 두 번째 질문은 크리스천 씽킹을 하고자 하는 그 주제와 인간의 죄가 어떤 관련이 있는지, 그리고 어떤 영향을 받고 있는지를 살펴보는 것입니다. 구체적으로는 1단계를 통해 얻었던 그 주제에 대한 창조 목적이 어떻게 왜곡되어 있는지 살펴보는 것입니다.

3단계 | 세상과 관련된 문제의 해결책(Jesus)은 무엇인가?

3단계는 크리스천 씽킹의 세 번째 원리인 '예수 그리스도에 대한 생각'과 관련된 것입니다. 이것은 예수 그리스도의 회복 사역에 토대를 둡니다. 따라서 세 번째 질문은 다루고자 하는 주제의 문제들이 예수 그리스도의 회복 사역을 통해 어떻게 해결되어질 수 있는지를 살펴보는 것입니다.

4단계 | 이를 위해 내가 할 수 있는 일(Action)은 무엇인가?

1~3단계가 기독교적 사고의 과정이었다면 4단계는 그것을 행동으로 옮기는 과정(Action)입니다. 1~3단계의 과정을 통해 다루고자 하는 주제에 대한 이해를 토대로 자신이 삶의 현장에서 할 수 있는 구체적인 일들을 찾아보는 것입니다.

5단계 | 이러한 삶을 살 때 어떠한 결과들(Product)이 생길 것인가?

5단계는 어떤 문제를 기독교적으로 이해하고 적용하게 될 때 우리에게 어떠한 결과가 생기게 될지 예측해 보는 것입니다. 다시 말해 다루고자 하는 주제에 대한 기독교적 이해와 실천을 통해 하나님과 나, 나와 나, 나와 이웃, 나와 세상과의 관계를 어떻게 회복해 갈 수 있는지를 상상해 보는 것입니다. 이를 통해 자신의 작은 실천이 하나님 나라의 확장에 기여할 수 있다는 것을 확신하게 될 때 기독교적으로 생각하고 살아가는 데 큰 동기부여가 될 것입니다.

6단계 | 이를 위해 기도해야 할 것(Prayer)은 무엇인가?

마지막 단계는 정리된 생각을 토대로 기도하는 것입니다. 기독교적으로 사고하는 과정에서 기도를 해야 하는 이유는 우리의 생각과 삶의 변화를 일으키는 분이 바로 성령 하나님이시기 때문입니다. 이 단계를 통해 우리는 성령 하나님께 지혜를 구하고 하나님의 말씀을 실천할 수 있는 힘을 달라고 간구할 수 있습니다. 이를 통해 일상의 주제들에 대해서도 기도할 수 있으며, 따라서 기도의 영역이 확장되어 갈 것입니다.

지금까지의 질문들을 표로 정리해 보면 다음과 같습니다. 핵심 질문들 외에도 크리스천 씽킹을 돕는 유사 질문들을 활용한다면 다루고자 하는 주제에 대해 보다 구체적이고 명확한 기독교적 사고를 하는 데 도움이 될 것입니다.

CTT 6단계 계획서

단계	핵심 질문	유사 질문
1단계 God	이 주제의 목적은 무엇인가?	• 이 주제에 대한 하나님의 의도는 무엇인가? • 이 주제로 생각해 보는 창조는 무엇인가? • 이 주제에 대한 선한 의미(기능)는 무엇인가?
2단계 Sin	이 주제의 문제는 무엇인가?	• 이 주제는 하나님의 목적에서 어떻게 왜곡되어 있는가? • 인간의 죄악과 탐욕은 이 주제와 어떠한 관련이 있는가? • 이 주제로 생각해 보는 타락(죄)은 무엇인가? • 이 주제에 대한 악한 의미(기능)는 무엇인가?
3단계 Jesus	이 주제의 문제에 대한 해결책은 무엇인가?	• 예수 그리스도의 회복 사역은 이 주제의 문제를 어떻게 해결했는가? • 이 주제에 있어서 회복이란 무엇인가? • 하나님은 이 주제에 대해 우리가 어떻게 응답하기를 원하시는가? • 이 주제로 생각해 보는 구속이란 무엇인가?
4단계 Action	이를 위해 내(우리)가 할 수 있는 일은 무엇인가?	• 나(우리)의 삶에 적용할 수 있는 실천사항은 무엇인가?
5단계 Product	이러한 삶을 살아갈 때 어떠한 일이 생길 것인가?	• 이 주제에 대한 크리스천 씽킹을 통해 어떤 관계들이 회복될 것인가?
6단계 Prayer	이를 위해 기도해야 할 것은 무엇인가?	• 구체적으로 그 회복은 어떻게 일어날 것이라고 보는가? • 이 주제에 대해 하나님께 감사드릴 것은 무엇인가? • 이 주제에 대해 하나님께 회개해야 할 것이 있는가? • 이 주제와 관련해 간구와 중보기도를 할 부분은 무엇인가?

CTT 계획서의 사례

|

우리들 대부분은 인생의 3분의 1의 시간을 잠을 자는 데 사용합니다. 그러나 깨어 있는 3분의 2의 시간을 어떻게 살 것인가에 대한 이야기는 많이 들어보았지만 잠에 대한 이야기는 별로 들은 적이 없습니다. 하나님이 인간을 창조하실 때 잠을 자도록 계획하셨다면 잠에 대해서 성경적으로 생각해 보는 것은 큰 의미가 있을 것입니다. 물론 잠이 영적인 주제는 아닙니다. 잠은 오히려 일상의 삶 속에서 볼 수 있는 가장 일반적인 주제 중 하나라고 할 수 있습니다. 따라서 잠에 대한 CTT 계획서를 정리해 봄으로써 우리의 신앙이 일상의 삶과 어떻게 연결될 수 있는지, 그리고 어떠한 영향을 끼칠 수 있는지 그 예를 살펴볼 수 있을 것입니다.

이러한 사고 과정을 통해서 얻을 수 있는 가장 큰 유익은 하나님과 더욱 친밀함을 느낄 수 있다는 것입니다. '잠'이라는 일상의 주제를 신앙과 연결시켜 생각하게 될 때 하나님이 저 멀리 계신 분이 아니라 우리와 함께하시는 분임을 새삼 깨닫게 됩니다. 잠에 대한 창조 목적을 묵상하게 될 때 인간을 향한 하나님의 배려와 사랑을 느낄 수 있게 됩니다(잠언 3:24, 시편 127:2). 하나님의 창조 목적에 맞게 잠을 자게 될 때 하나님과의 관계뿐만 아니라 나 자신, 이웃, 세상과의 관계 회복에 기여한다는 것은 큰 도전을 줍니다. 잠을 잘 자는 것이 하나님 나라와 관련되어 있음을 깨닫게 될 때 잠을 포함한 일상의 삶을 나태하게 살 수 없게 될 것입니다. 마지막으로 잠과 관련된 기도를 하면서 우리의 기도생활을 더욱 실제적이고 풍성하게 만들어줄 것입니다.

잠에 대한 CTT 계획서

단계	질문	잠에 대한 크리스천 씽킹
1단계 God	하나님이 우리에게 잠을 주신 이유는 무엇일까?	• 잠을 통해 휴식을 가짐으로써 새로운 힘을 얻을 수 있다. • 잠을 잘 잔다는 것은 하나님께 모든 것을 맡기는 신뢰의 행위이다. • 잠은 우리에게 주시는 하나님의 축복이다(잠언 3:24, 시편 127:2).
2단계 Sin	잠과 관련된 문제에는 어떠한 것들이 있는가?	• 불면증 : 마음의 고통으로 인해 하나님의 축복으로서의 잠을 누리지 못함 • 자신의 욕망을 채우는 삶을 위해 충분한 수면을 취하지 못함(예 : 일중독, 밤문화) • 게으름으로 인해 잠을 너무 많이 잔다. • 자신의 편의를 위해 상대방의 잠을 방해한다.
3단계 Jesus	잠과 관련된 문제의 해결책은 무엇인가?	• 잠의 축복을 누릴 수 있도록 삶의 우선순위를 새롭게 정한다. • 잠의 축복을 방해하는 걱정이나 근심과 게으름의 문제를 해결하기 위해 노력하고 기도한다. • 일상의 삶과 주어진 일에 최선을 다하기 위해서는 잠을 충분히 자야 한다. • 경건한 삶을 위해서는 잠을 절제할 필요가 있다. • 이웃의 잠을 방해하는 것은 하나님께서 이웃에게 주신 잠의 축복을 방해하는 것이다.
4단계 Action	이를 위해 내가 할 수 있는 일은 무엇인가?	• 보통 7시간 정도(밤 11시~아침 6시) 잔다. • 밤 11시 이후에는 TV나 오디오 소리를 줄이고, 세탁기와 청소기를 사용하지 않는다. • 특별 새벽기도회 기간에는 좀 더 일찍 자고 일찍 일어나거나, 잠자는 시간을 줄인다. • 심야버스를 탈 경우 핸드폰을 진동으로 해놓거나 가급적이면 통화를 하지 않는다. • 자기 전에 잠의 축복에 대해, 그리고 숙면을 통해 그 축복을 풍성히 누리도록 가족과 함께 기도한다.
5단계 Product	이러한 삶을 살아갈 때 어떠한 일이 생길 것인가?	• 나와 하나님과의 관계 : 잠을 만드신 하나님을 인정하는 삶. 잠의 축복을 주신 하나님의 은혜와 신실하심에 감사할 수 있음 • 나와 나의 관계 : 잠의 축복을 누릴수록 영적인 풍요로움은 물론 정신적 · 육체적 건강에 도움이 된다.

단계	질문	잠에 대한 크리스천 씽킹
5단계 Product	이러한 삶을 살아갈 때 어떠한 일이 생길 것인가?	• 나와 이웃의 관계 : 이웃을 배려하는 삶. 이웃 역시 하나님이 주시는 잠의 축복을 누릴 권리가 있다. • 나와 세상의 관계 : 잠을 하나의 휴식으로 보는 것을 넘어 하나님의 축복으로 볼 때 불면증과 같은 문제들을 해결할 수 있는 좋은 대안이 될 것이다. 또한 일중독이나 밤문화의 부정적인 결과들을 줄일 수 있다.
6단계 Prayer	이를 위해 기도해야 할 것은 무엇인가?	• 잠의 축복을 주셔서 감사를 드립니다. • 불규칙적이고 바쁜 일상의 삶으로 인해 잠의 축복을 누리지 못함을 용서해 주세요. • 가족 모두가 하나님이 만드신 잠의 목적을 이해하고 그 축복을 누릴 수 있게 해주세요. • 마음속의 걱정과 근심을 떨쳐 버리고 주님이 주신 평안 가운데 잠자리에 들게 해주세요. • 내 주변의 이웃들도 잠의 축복을 누리는 삶을 살게 해주세요. • 오늘밤도 변함없이 잠의 축복을 누리게 해주세요.

    잠뿐만 아니라 CTT 계획서를 통해 기독교적 관점과 실천사항들을 정리해 볼 수 있는 주제들은 수없이 많습니다. 지금부터 다루고자 하는 돈, 먹거리, 다이어트, 집과 같은 주제들은 일상 가운데 우리의 가장 큰 관심사들이거나 우리의 생각과 삶에 큰 영향을 끼치고 있는 것들입니다. 이러한 주제들에 대한 기독교적 관점을 정리해 보고 실천한다면 일상 가운데서도 하나님이 기뻐하시고 축복해 주시는 삶을 살 수 있습니다. 자신이 먼저 CTT 계획서를 작성해 본 후 정리된 내용을 참고한다면 기독교적 사고 계발에 좋은 훈련이 될 것입니다.

돈에 대한 크리스천 씽킹

단계	질문	돈에 대한 크리스천 씽킹
1단계 God	하나님이 우리에게 돈 (물질)을 주신 이유는 무엇일까?	
2단계 Sin	돈과 관련된 문제에는 어떠한 것들이 있는가?	
3단계 Jesus	돈과 관련된 문제의 해결책은 무엇인가?	
4단계 Action	이를 위해 내가 할 수 있는 일은 무엇인가?	
5단계 Product	이러한 삶을 살아갈 때 어떠한 일이 생길 것인가?	
6단계 Prayer	이를 위해 기도해야 할 것은 무엇인가?	

돈에 대한 CTT 계획서

단계	질문	돈에 대한 크리스천 씽킹
1단계 God	하나님이 우리에게 돈 (재물)을 주신 이유는 무엇일까?	• 하나님은 돈을 통해 자신이 하나님이시며, 만물의 주인이심을 보여주신다(마태복음 6:32~33). • 나와 가족의 기본적인 필요(의식주)를 채워주심으로 하나님의 사랑과 신뢰를 보여주신다(마태복음 6:32; 디모데전서 6:8). • 하나님은 돈을 사용하셔서 우리가 신실해지도록 훈련시키신다(누가복음 16:11). • 재물의 축복을 주심으로 풍성하고 평안한 삶을 누리도록 하신다(잠언 10:22). • 돈을 통해 다른 사람의 필요를 채우도록 하시고 하나 되게 하셨다(고린도후서 8:14~15). • 하나님은 우리를 풍요롭게 하시거나 때로는 궁핍하게 하셔서 우리의 삶을 인도하신다(갈라디아서 6:9). • 돈은 하나님의 축복이다(신명기 28:1~6).
2단계 Sin	돈과 관련된 문제에는 어떠한 것들이 있는가?	• 돈을 사랑하는 마음이 일만 악의 뿌리이다(디모데전서 6:10). • 자신의 안정과 평안을 위해 하나님보다 돈을 더 의지한다(누가복음 12:19). • 탐욕, 이기심, 사기 등 세상적인 방식에 따라 돈을 관리한다. • 돈으로 사람을 평가한다(부유한 자들에 대한 특별대우, 가난한 자들에 대한 무관심과 무시). • 자신의 안락을 위해, 그리고 자식들에게 많은 유산을 물려주기 위해 재산을 축재하고 하나님과 다른 사람을 위해 사용하는 데 인색하다. • 자신의 욕망을 채우기 위해 돈을 낭비한다(과소비, 신용카드 남발, 쇼퍼홀릭). • 재정적 속박 : 빚에 빠짐, 투자에 대한 과도한 관심과 염려, 일확천금의 한탕주의, 속임수와 사기, 돈을 벌기 위한 일중독 • 자신에게 없는 것에 대해 하나님께 원망한다. • 돈에 대한 거짓말 : 돈을 벌어야 성공한다. 너무 정직하면 돈을 벌 수 없다. 돈은 행복을 가져다준다. 가난한 것이 영적이다. 부자가 되는 것은 죄악이다 등

단계	질문	돈에 대한 크리스천 씽킹
3단계 Jesus	돈과 관련된 문제의 해결책은 무엇인가?	• 돈에 대한 소유권 넘기기 : 자신이 가진 모든 것(돈, 시간, 가족, 재산, 재능 등)을 하나님께 넘겨 드린다. → 십일조는 하나님의 소유권에 대한 최소한의 증거이다. • 돈의 속박에서 벗어나기 : 빚에서 벗어나는 것은 예수 그리스도를 통해 얻은 자유의 중요한 한 부분이다. → 외상구매 하지 않기, 돈을 빌려 투자하지 않기, 절약하는 습관 가지기 • 돈의 탐욕에서 벗어나기 : 모든 구매에 있어서 필요, 욕구, 욕망을 구별함으로써 구매 결정에 대한 하나님의 뜻을 구하기 • 돈의 청지기로 살아가기 : 규칙적으로 저축하기(잠언 21:20), 하나님의 뜻을 이루기(십일조, 구제헌금, 선교헌금, 교육헌금 등), 정직하게 돈 벌기, 재정 계획을 세우기 • 돈과 영성 : 돈에 대해 염려하거나 좌절하지 않는 것은 하나님을 의지하고 인도하심을 받고 있다는 증거이다(마태복음 6:25). 돈에 대한 신실함은 곧 삶에 대한 신실함을 반영한다(누가복음 16:11). • 하나님의 공급하심을 받아들이기 : 받은 것에 자족하고 감사 드리기, 구매하기 전에 먼저 하나님께 묻기
4단계 Action	이를 위해 내가 할 수 있는 일은 무엇인가?	• 지금까지의 재정 상황(소비 패턴, 십일조와 헌금 등)을 점검해 본다. • 빚 청산과 성경적인 재정 관리를 위해 크리스천 재정관리 전문가를 만나 상담을 받는다. • 필요와 욕구가 아닌 욕망에 따라 물건을 구매한 것에 대해 회개한다. • 필요에 따라 시기적절하게 하나님의 공급하심을 경험케 하심을 감사드린다. • 신용카드를 하나만 남기도 다 폐기처분한다. 가능하면 현금과 체크카드를 사용하도록 한다. • 돈에 대한 하나님의 뜻(필요를 위해, 하나님과 이웃을 위해)에 순종하도록 재정계획을 새롭게 세운다.

단계	질문	돈에 대한 크리스천 씽킹
5단계 Product	이러한 삶을 살아갈 때 어떠한 일이 생길 것인가?	• 나와 하나님과의 관계 : 돈을 포함한 나의 모든 소유는 하나님의 것임을 인정함으로써 하나님께 영광을 올려 드리고 우리의 필요를 공급해 주시는 하나님을 더욱 의지할 수 있다. • 나와 나의 관계 : 자족하는 삶을 통해 마음의 평안을 유지하는 삶을 살게 된다. • 나와 이웃과의 관계 : 다른 사람의 필요를 돌보는 축복의 통로로 쓰임 받는 인생을 살게 된다. • 나와 세상과의 관계 : 하나님의 뜻에 맞는 재정 관리와 사용을 통해 하나님 나라를 확장해 가는 데 기여할 수 있다.
6단계 Prayer	이를 위해 기도해야 할 것은 무엇인가?	• 나의 필요를 돌보시는 사랑이 많으시고 신실하신 하나님께 감사를 드립니다. • 필요와 욕구가 아닌 욕망에 따라 물건을 구매한 것에 대해 용서해 주세요. • 돈의 청지기로서 책임 있는 재정 관리를 해야 함에도 불구하고 그에 대해 무관심하고 하나님의 뜻을 구하지 않은 것을 용서해 주세요. • 하나님의 뜻에 맞는 재정 관리를 위해 지혜와 절제력을 허락해 주세요. • 물질의 축복을 주셔서 가족의 필요를 위해, 이웃을 돌보는 데, 하나님 나라를 위해 재물을 사용하는 일꾼이 되게 해주세요. • 돈을 사랑하는 유혹에서 벗어나 오직 하나님만을 사랑하는 삶을 살게 해주세요.

먹거리에 대한 크리스천 씽킹

단계	질문	먹거리에 대한 크리스천 씽킹
1단계 God	하나님이 우리에게 먹거리를 주신 이유는 무엇일까?	
2단계 Sin	먹거리와 관련된 문제에는 어떠한 것들이 있는가?	
3단계 Jesus	먹거리와 관련된 문제의 해결책은 무엇인가?	
4단계 Action	이를 위해 내가 할 수 있는 일은 무엇인가?	
5단계 Product	이러한 삶을 살아갈 때 어떠한 일이 생길 것인가?	
6단계 Prayer	이를 위해 기도해야 할 것은 무엇인가?	

먹거리에 대한 CTT 계획서

단계	질문	먹거리에 대한 크리스천 씽킹
1단계 God	하나님이 우리에게 먹거리를 주신 이유는 무엇일까?	• 먹거리를 통해 생명을 유지하고 건강한 삶을 살도록 하시기 위해(창세기 1:30, 창세기 2:9; 신명기 8:8~10) • 먹거리를 선택하고, 요리를 하고, 맛을 느낌을 통해 기쁨을 주심(창세기 2:16; 욥기 6:6) • 먹거리를 통해 마음이 공유되고 사랑이 풍성해진다(마태복음 14:21~24; 누가복음 5:30; 요한복음 6:5~13, 요한복음 21:6~15). • 풍성한 먹거리는 하나님이 베푸시는 축복이다(신명기 6:11; 8:0~12; 11:15).
2단계 Sin	먹거리와 관련된 문제에는 어떠한 것들이 있는가?	• 먹거리를 자신이 한 수고의 대가로만 여겨 감사하지 않음 • 절제하지 못함으로 인한 폭식증과 지나친 다이어트로 인한 거식증 때문에 건강이 악화됨 • 풍성한 먹거리가 있음에도 불구하고 굶어 죽어가는 사람들이 많아짐 • 먹거리를 돈을 버는 수단으로만 여김 • 가짜 달걀, 가짜 명란젓, 광우병에 걸린 소고기, 농약에 찌든 과일, 유전자 변형 식품 등으로 인해 인간의 건강과 생명을 해롭게 하고 생태계를 파괴시키고 있음
3단계 Jesus	먹거리와 관련된 문제의 해결책은 무엇인가?	• 먹거리에 대한 감사 : 일용할 양식을 주신 것에 대해 하나님의 축복으로 여기고 먹거리가 주는 기쁨을 누림 • 먹거리에 대한 절제 : 거식증과 폭식증과 같은 음식에 대한 극단적인 자세가 회복되어야 함. 음식을 낭비하지 않음 • 먹거리를 통한 사랑 나눔 : 구제헌금, 식사 초대 • 먹거리에 대한 공의 : 불량식품에 대한 반대 및 불매운동, 건강식품에 대한 관심이 필요 • 영적 먹거리에 대한 사명 : 영적인 굶주림을 채우는 것 역시 그리스도의 제자로서의 역할이다.

단계	질문	먹거리에 대한 크리스천 씽킹
4단계 Action	이를 위해 내가 할 수 있는 일은 무엇인가?	• 먹거리에 대한 감사기도를 드린다. • 식단의 영양 상태를 점검해 본다. • 편식을 하지 않는다. • 인스턴트 음식은 가급적이면 줄이고 불량식품은 먹지 않도록 한다. • 가족들과 식사를 할 때는 TV를 끈다 : 그 대신 저녁식사가 가족 간의 대화 시간이 되도록 한다. • 구제사역에 동참한다 : 가족들과 함께 구제사역 단체를 알아보고 어떻게 동참할지를 정한다. 사랑의 저금통을 마련한다. • 이웃들을 집으로 초대해 식사 교제를 나눈다 : 아내와 상의해서 함께 준비하도록 한다. 미리 시간 계획을 세워 식사에 초대한다.
5단계 Product	이러한 삶을 살아갈 때 어떠한 일이 생길 것인가?	• 나와 하나님과의 관계 : 먹거리를 만드신 창조주 하나님을 인정하고, 일용할 양식을 하나님의 축복으로 알고 감사 드림으로써 하나님께 영광을 드릴 수 있다. • 나와 나의 관계 : 먹거리의 축복을 누릴수록 건강한 삶을 살 수 있다. • 나와 이웃과의 관계 : 가족 간의 관계가 더욱 풍성해지고, 식사 초대와 구제사역을 통해 이웃 사랑을 실천할 수 있다. • 나와 세상과의 관계 : 먹거리를 나누고 절약함으로써 세계 기아 문제와 환경 문제 해결에 작은 실천을 시작할 수 있다.
6단계 Prayer	이를 위해 기도해야 할 것은 무엇인가?	• 날마다 일용할 양식을 주심에 감사 드립니다. • 음식을 절제하지 못하고 낭비한 것을 용서해 주세요. • 먹거리를 돈을 버는 수단으로 여기는 이 시대의 불순종을 용서해 주세요. • 먹거리를 통해 건강한 삶을 살 수 있는 힘과 기쁨을 공급해 주세요. • 먹거리를 통해 사랑을 나누는 삶을 살게 해주세요. • 지구촌 곳곳의 굶어 죽어가는 이웃들에게도 먹거리의 축복을 주시기를 원합니다.

집에 대한 크리스천 씽킹

단계	질문	집에 대한 크리스천 씽킹
1단계 God	하나님이 우리에게 집을 주신 이유는 무엇일까?	
2단계 Sin	집과 관련된 문제에는 어떠한 것들이 있는가?	
3단계 Jesus	집과 관련된 문제의 해결책은 무엇인가?	
4단계 Action	이를 위해 내가 할 수 있는 일은 무엇인가?	
5단계 Product	이러한 삶을 살아갈 때 어떠한 일이 생길 것인가?	
6단계 Prayer	이를 위해 기도해야 할 것은 무엇인가?	

집에 대한 CTT 계획서

단계	질문	집에 대한 크리스천 씽킹
1단계 God	하나님이 우리에게 집을 주신 이유는 무엇일까?	• 집은 가족이 서로 사랑하고 사랑받는 약속의 장소이다(창세기 9:9~10). • 집은 가족이 서로의 잘못을 용서하고 용서받는 은혜의 장소이다. • 집은 가족이 서로를 섬기고 섬김 받음을 통해 힘을 공급받는 곳이다. • 집은 가족이 서로를 알아가며 인정해 주는 친밀함의 장소이다. • 집은 외부적 환경(추위, 더위 등)에 대한 피난처이며, 쉼과 즐거움이 있는 재충전의 장소이다. • 집은 자녀를 낳고 그들에게 신앙을 전수하는 장소이다(신명기 6:6~7). • 집은 하나님께 영광을 올려 드리는 곳이며, 하나님의 뜻을 이 땅에 실현하는 곳이다(고린도전서 10:31).
2단계 Sin	집과 관련된 문제에는 어떠한 것들이 있는가?	• 집을 사는 곳(to live)이 아니라 사는 것(to buy)이라고 생각한다. → 투자 대상으로서의 집 • 투자 대상으로서의 집은 계속 짓고 있지만 정작 집이 필요한 사람들은 집이 없어 힘들어한다. • 집을 장만하는 것이 인생의 꿈이 되었고, 이를 이루기 위해 무리하게 대출을 받아 재정적 속박을 받는다. → 세계적 경제 위기, 가정 파탄을 초래 • 어떤 집에 사느냐가 성공과 행복의 척도가 된다고 생각한다. • 가족 간의 대화의 단절과 분주함으로 인해 집은 친밀함과 신앙을 전수하는 역할을 잃어가고 있다. • 서로 사랑하고 용서해야 할 가족들이 오히려 상처를 주고 자신의 이기적 욕망을 위해 이용하는 관계가 되어 집은 오히려 스트레스의 온상지가 되어간다.
3단계 Jesus	집과 관련된 문제의 해결책은 무엇인가?	• 집은 사는 것(to buy)이 아니라 사는 곳(to live)이라는 생각의 전환이 필요하다. • 집에 대한 참된 꿈은 집의 소유에 달려 있는 것이 아니라 그 안에서 가족들이 얼마나 행복하게 사느냐에 달려 있다. • 집은 하나님의 축복의 장소이자 축복의 통로이다(가화만사성).

단계	질문	집에 대한 크리스천 씽킹
3단계 Jesus	집과 관련된 문제의 해 결책은 무엇인가?	• 집은 하나님이 임재하시는 장소이며, 하나님의 뜻이 이루어지는 장소이다. • 이 세상에서 사는 집은 우리의 전부가 될 수 없다. 예 수님은 우리가 영원히 살 집을 예비하고 계신다(요한 복음 14:2).
4단계 Action	이를 위해 내가 할 수 있는 일은 무엇인가?	• 집을 투자의 수단으로 삼지 않는다. • 집(to live)을 무리하게 대출을 받아 구입하지 않는다. • 임대 아파트를 신청한다. • 가정예배를 꾸준히 드리고 가족회의를 열어 서로의 마음을 나눈다. • 집안일을 가족들이 역할 분담하여 섬기도록 한다. • 가족들과 더 많은 시간을 보내기 위해 일정을 맞춘다. 특히 최소한 저녁식사를 같이 하면서 대화하는 시간 을 가진다.
5단계 Product	이러한 삶을 살아갈 때 어떠한 일이 생길 것인 가?	• 나와 하나님과의 관계 : 하나님이 주인 되시고, 하나 님의 뜻이 이루어지는 집이 되게 함으로써 하나님의 축복을 받게 된다. • 나와 나의 관계 : 나와 가족들이 집안에서 행복한 삶 을 살게 된다. • 나와 이웃과의 관계 : 어떤 집에 사느냐의 문제로 다 른 사람을 판단하지 않는다. • 나와 세상과의 관계 : 적어도 집값 상승에 기여하지는 않는다. 점점 많은 사람들이 집 때문에 힘들어하는 일 들이 줄어들게 된다.
6단계 Prayer	이를 위해 기도해야 할 것은 무엇인가?	• 집이 사는 곳(to live)이기보다 사는 것(to buy)이라는 유혹을 떨쳐 버리게 해주세요. • 집을 사고 싶은 욕망으로 인해 무리하게 대출 받았던 것을 용서하여 주세요. • 집의 규모보다 집안에 있는 가족들에게 더 관심을 가 지고 사랑하고 섬길 수 있게 해주세요. • 제가 맡았던 집안일들을 소홀히 한 것에 대해 용서해 주세요. • 가정예배를 꾸준히 드림으로써 이 집의 주인이 하나 님이심을 늘 기억하게 해주세요. • 우리 집이 즐겁고 행복한 집이 되게 해주시고, 축복의 장소이자 통로가 되게 해주세요.

크리스천 씽킹 훈련을 위한 제안

|

어떤 주제에 대한 크리스천 씽킹을 정리했다고 해서 그것만이 유일한 성경적 관점이라고는 할 수 없습니다. 다시 말해 동일한 주제에 대한 다양한 기독교적 관점이 있을 수 있습니다. 지금까지 정리한 내용들은 그러한 관점 중의 하나라고 할 수 있습니다. 우리에게 오직 정답이 되는 것은 성경밖에 없습니다. 따라서 중요한 것은 자신의 생각에 만족하지 않고 그 생각이 성경적인 관점으로 변화되도록 노력하는 것입니다. 이것이 기독교적 사고 계발의 목적입니다. CTT 계획서 역시 이러한 기독교적 사고 계발을 돕기 위해 사용하는 도구일 뿐입니다.

그러나 CTT 계획서를 통해 어떤 주제에 대한 크리스천 씽킹을 정리한다는 것 자체가 결코 만만한 일이 아닙니다. 이러한 사고과정 자체가 익숙하지 않아서 그럴 수도 있고, 다루고자 하는 주제에 대한 배경 지식이 부족해서일 수도 있습니다. 또 나름대로 생각을 정리했지만, 그것이 과연 성경적인가에 대한 확신이 부족할 수도 있습니다.

크리스천 씽킹을 통해 우리의 생각이 성경적으로 변화되기 위해서는 더 많은 훈련이 필요하며, 무엇보다 성령님의 인도하심이 필요합니다. 기독교적 사고 계발을 돕는 CTT가 되기 위해 몇 가지 제안을 해보면 다음과 같습니다.

첫째, CTT를 혼자서 사용하는 것보다 소그룹 모임을 통해 여럿이 함께 생각을 나누고 정리해 간다면 기독교적 사고 계발에 도움이 될 것입니다. 소그룹을 통해 어떤 주제에 대해 다양한 생각들을 나누고, 다른 의견들에 대해 서로 토론하면 보다 풍성하고 균형잡힌 크리스천 씽킹을 할 수 있습니다. 이뿐 아니라 소그룹을 통해 함께 정리한 것들을 잘 실천하도록 서로 확인해 주고 격려해 줌으로써 크리스천 씽킹을 실천하는 데에도 큰 도움이 됩니다.

둘째, CTT를 통해 정리된 내용들이 성경적인 관점에 충실한 것인지 점검하는 것이 필요합니다. 성경적인 관점을 가지기 위해서는 성경 읽기와 성경공부를 꾸준히 하거나 경건의 시간을 지속적으로 가지는 것만큼 좋은 방법은 없습니다. 여기에 성경 사전이나 성경 주석을 활용해서 다루고자 하는 주제와 관련된 성경 구절들과 설명을 참고해 생각을 정리한다면 기독교적 사고 계발에 큰 도움이 될 것입니다. 또한 주제와 관련된 신앙서적들을 참고하거나 강의를 듣는 것도 균형 잡히고 체계적인 크리스천 씽킹에 도움이 됩니다.

셋째, 보다 체계적인 크리스천 씽킹을 원한다면 크리스천 학자들이 쓴 논문들을 참고하거나 기독교세계관과 관련된 인터넷 사이트들을 방문해 관련 자료들을 찾아보는 것도 좋습니다. 또한 다루고자 하는 주제에 대해 성경적 관점과 전문적 지식을 겸비한 전문가들의 조언을 듣는 것도 큰 도움이 됩니다. 또한 그 주제에 관한 일반 서적이나 자료들을 참고하는 것도 폭넓은 시각과 이해를 가지는 데 유익이 됩니다.

크리스천 씽킹
소그룹
스터디 가이드

1과 | 무기력한 그리스도인

• 마음 열기

1. 내가 생각하는 '그리스도인'이란 어떤 사람을 말합니까?

_____

_____

2. 요즘 세상 사람들이 생각하는 그리스도인이란 어떤 사람들일까요? 그들은 왜
   그렇게 생각할까요?

_____

_____

• 『크리스천 씽킹』 속으로

하동화 집사와 이분리 집사 이야기(24~25쪽)

하 집사의 교회와 직장에서의 삶은 완전히 다르다. 그러나 그것에 대해 큰 문
제의식을 느낀 적은 거의 없다. 오히려 세상 사람들과 거의 만나지 않고 자기
들끼리만 항상 모여 있는 그리스도인들을 볼 때, 그리고 사람들이 술 마시고
노래방 가는 것조차 정죄의 눈초리로 바라보는 그리스도인들을 볼 때 그들
이 세상과 담을 쌓고 사는 것 같아 답답한 마음이 든다. 오히려 예수님을 믿
지 않는 직장 동료들과 말이 더 잘 통하고 그들과 함께 있을 때 마음이 편해

진다.

이 집사가 아는 사람들 대부분은 그리스도인들이다. 가끔 교회를 나가지 않는 옆집 이웃과 아이들의 친구 엄마들과 만나 인사를 나눌 정도일 뿐, 마음을 터놓고 깊은 교제를 나누는 사람들을 대부분 교회 성도들이다. 잠깐 여유가 있어 TV를 볼 때면 채널은 항상 기독교 방송에 고정되어 있다. 차를 타고 이동할 때는 자연스럽게 CCM을 듣거나 설교를 듣는다. 아이들이 대중가요를 듣고 흥얼거리거나 시간 가는 줄 모르고 게임하는 것을 보면 안타깝다. 최근에는 아이들을 세상 문화의 영향에서 보호하기 위해 아예 TV를 없애고 인터넷을 끊는 것은 어떨지 고민 중이다.

3. 하동화 집사와 같은 사람을 카멜레온 크리스천, 이분리 집사와 같은 사람을 사향소 크리스천이라고 부릅니다. 카멜레온 크리스천과 사향소 크리스천의 차이점과 공통점은 무엇일까요?

☞ 차이점

_____

_____

☞ 공통점

_____

_____

4. 카멜레온 크리스천과 사향소 크리스천이 생겨난 이유는 각각 무엇일까요?

_____

_____

_____

_____

5. 카멜레온 크리스천과 사향소 크리스천이 많아진다면 어떤 일이 일어날까요?

_____

_____

• 성경 속으로

6. 세속주의 사고방식의 영향으로 카멜레온 크리스천은 개인적으로는 기독교 신
   앙을 가지고 있지만, 신앙 외의 영역에서는 세속적 관점을 받아들이며 살고
   있습니다. 카멜레온 크리스천들처럼 신앙적 가치와 세속적 가치 둘 다를 가지
   고 살아가는 것에 대해 성경은 뭐라고 말합니까?

☞ 마 6:24

_____

_____

7. 영지주의 사고방식의 영향으로 사향소 크리스천은 종교의 영역은 거룩하고,
   일상의 영역은 악하거나 덜 거룩한 것으로 이해합니다. 사향소 크리스천처럼
   일상의 영역보다 종교적 삶에 더 가치를 두며 살아가는 것에 대해 성경은 뭐
   라고 말합니까?

☞ 고전 10:31

_____

_____

☞ 행 11:7-9

_____

_____

_____

8. 카멜레온과 사향소가 아닌 세상 속의 빛과 소금이라는 그리스도인의 정체성을 회복하기 위해서는 어떻게 해야 할까요?

☞ 롬 12:1-2

_____

_____

• 〈삶〉 속으로

9. 지금까지 사향소 크리스천과 카멜레온 크리스천 중 나의 신앙 스타일과 가까운 것은 무엇이었습니까?

_____

_____

10. 무기력한 그리스도인에서 벗어나기 위해 내가 할 수 있는 일은 무엇이 있을까요?

_____

_____

2과 | 크리스천 씽킹이란?

•마음 열기

1. 요즘 나의 마음을 사로잡고 있는 생각은 무엇입니까?

_____

_____

2. 그 생각은 나의 삶과 인생에 어떤 영향을 주고 있습니까?

_____

_____

•『크리스천 씽킹』 속으로

크리스천 씽킹(49~50쪽)

크리스천 씽킹이란 하나님의 말씀대로 생각하고 사는 것입니다. 다시 말해 그리스도의 제자로서 예수 그리스도처럼 생각하며 사는 삶입니다. 성경은 우리에게 옛날이야기로만 남아 있는 것이 아닙니다. 그것이 오늘날에도 변함없이 우리의 생각과 판단의 최종 기준이 되며, 따라서 그 말씀은 우리의 종교적 삶뿐만 아니라 일상의 삶 속에서도 영향을 끼치는 원동력입니다.
안식일을 기억하여 거룩히 지키라(출애굽기 20:8), 네 부모를 공경하라(출애굽기 20:12), 살인, 간음, 도적질, 거짓 증거 하지 말라(출애굽기 20:13-16)

등은 성경에 분명히 나오는 명령들이기 때문에 그에 대한 성경적 관점을 아는 것은 비교적 쉽습니다. 그러나 인터넷, 주식투자, 축구, 인간복제, 컴퓨터 게임 등과 같은 현대의 문제들은 어떻게 이해하고 대처해야 할까요? 그것에 대해 직접적으로 이야기하는 성경 구절들은 없습니다. 그렇다면 이 문제들에 대해 하나님의 뜻을 어떻게 분별할 수 있을까요?

이와 같이 우리가 삶의 모든 영역에서 하나님께 예배드리는 삶을 살기 위해서는 성경에 언급되지 않는 오늘날의 이슈와 문제들에 있어서도 하나님의 말씀대로 이해하고 실천하며 살아갈 필요가 있습니다. 크리스천 씽킹의 역할은 하나님의 말씀인 성경에서 그 원리를 찾아 오늘날의 문제에 대해서도 성경을 적용할 수 있도록 징검다리가 되어주는 것입니다.

3. 크리스천 씽킹이란 무엇입니까?

_____

_____

4. 크리스천 씽킹의 역할은 무엇입니까?

_____

_____

5. 크리스천 씽킹이 카멜레온과 사향소 신앙의 문제점을 극복할 수 있는 대안이 될 수 있는 이유는 무엇입니까?

_____

_____

_____

_____

_____

• 성경 속으로

6. 크리스천 씽킹은 신앙생활뿐만 아니라 일상생활과 문화에 대해 기독교적 관점으로 바라보도록 돕습니다. 그렇다면 크리스천 씽킹은 무엇을 기반으로 하는 생각입니까?

☞ 시 119:105

_____

_____

7. 크리스천 씽킹을 통해 우리가 회복할 수 있는 정체성은 무엇입니까?

☞ 마 5:13-16

_____

_____

8. 크리스천 씽킹은 우리 삶에 어떤 유익을 줄까요?

☞ 엡 1:18-19

_____

_____

• 삶 속으로

9. 크리스천 씽킹을 통해 기독교적 관점으로 정리해 보고 싶은 주제는 어떤 것들이 있습니까?

_____

_____

_____

10. 나에게 일어나는 수많은 일들을 성경적 관점으로 이해하고 실천하는 삶을 살도록 돕는 크리스천 씽킹을 하려면 어떻게 해야 할까요?

_____

_____

3과 | 보이지 않는 하나님 바라보기

• 마음 열기

1. 세상에는 "하나님은 없다"라고 믿는 사람들도 있습니다. 그들이 그렇게 생각하는 이유는 무엇일까요?

_____

_____

2. 내가 "하나님은 있다"라고 믿는 이유는 무엇입니까?

_____

_____

• 『크리스천 씽킹』 속으로

하나님은 어떤 분이신가?(63~64쪽)

세상 속에서 하나님을 인정하는 생각과 인정하지 않는 것은 단순한 생각의 차이로 끝나지 않습니다. 그 차이는 우리 인생에서 완전히 다른 삶의 모습을 낳게 합니다. 더 나아가 그 차이는 우리의 영원한 삶이 어떠한 방향으로 나아갈 것인가를 결정하게 됩니다. 따라서 하나님에 대한 생각은 우리의 생각과 인생을 좌우하는 기초석과 같은 것이라고 할 수 있습니다.
"하나님은 어떤 분이신가?"에 대한 대답은 성경의 시작인 창세기 1장 1절 "태초에 하나님이 천지를 창조하시니라"에서 찾을 수 있습니다. 창세기 1장은 하나님께서 말씀으로 모든 만물을 만드셨음을 우리에게 설명하고 있습니다. 하나님은 온 세상을 만드신 창조주십니다. 성경뿐만 아니라 창조 세계를 통해서도 창조주 하나님을 인정할 수 있습니다.

성경은 그에 대해 "세상이 창조된 이래로 하나님의 보이지 않는 성품인 그분의 영원한 능력과 신성은 그가 만드신 만물을 보고서 분명히 알 수 있게 되었습니다. 그러므로 사람들은 (하나님이 없다고) 핑계를 댈 수 없습니다."(로마서 1:20, 쉬운 성경)라고 설명합니다.

3. 하나님에 대한 생각이 우리에게 중요한 이유는 무엇입니까?

_____

_____

4. 창조주 하나님이 살아 계심을 인정할 수밖에 없는 두 가지 근거는 무엇입니까?

_____

_____

5. 하나님께서 인간과 세상을 만드신 목적이 무엇이라고 생각합니까?

_____

_____

• 성경 속으로

6. 우리가 영적인 삶뿐만 아니라 일상의 삶 속에서도 창조주 하나님을 인정하는 삶을 산다면 어떤 일이 일어날까요?

☞ 잠 3:6

_____

_____

7. 창조주 하나님이 아담뿐만 아니라 하와를 비롯하여 수많은 사람들을 창조하
   신 목적은 무엇일까요?

☞ 창 2:18

_____

_____

8. 하나님은 하나님이 만드신 창조세상에서 인간이 어떤 역할을 감당하기를 원
   하십니까?

☞ 창 1:28

_____

_____

• 삶 속으로

9. 내가 창조주 하나님이 계심을 느끼거나 확신할 때는 언제(또는 무엇을 할 때)
   입니까?

_____

_____

10. 하나님 영광, 이웃 사랑, 세상 돌봄이라는 인간의 창조 목적대로 살기 위해
    내가 할 수 있는 일은 각각 무엇입니까?

☞ 하나님 영광을 위해

☞ 이웃 사랑을 위해

☞ 세상 돌봄(자연세계 & 문화)을 위해

4과 | 죄의 심각성 실감하기

• 마음 열기

1. '죄'하면 연상되는 단어들은 무엇입니까?

_____

_____

2. 개인의 삶을 포함하여 세상에는 수많은 문제와 고통들이 있습니다. 그러한 문제와 고통이 생겨난 이유는 무엇이라고 생각합니까?

_____

_____

• 『크리스천 씽킹』 속으로

오늘날 사람들이 생각하는 '죄'(86, 95쪽)

오늘날 사람들에게는 이러한 성경적인 '죄'의 개념에 별로 관심이 없습니다. 지하철이나 광장에서 가끔 '예수 천당, 불신 지옥! 당신은 죄인입니다. 회개하십시오!'라는 말을 외치는 사람들을 봅니다. 대부분의 사람들은 그것에 무관심하거나 무시하는 태도를 보입니다. 때로는 일부 사람들은 자신을 죄인이라고 하는 말에 상당히 불쾌감을 표시하기도 합니다. 그러나 대부분 사람들은 성경적 죄의 의미를 이해하지 못합니다. 어쩌면 그것은 당연한 일일 것입니다. 그들은 '하나님의 존재를 믿지 않는데 누가 죄의 의미와 기준을 세우고 평가할 수 있겠는가'라고 생각하기 때문입니다. 그래서 그들은 기독교에서 말하는 죄를 구시대적 발상이나 흥밋거리가 없는 주제로 여깁니다.

"인간의 불순종은 하나님과의 관계는 물론 하나님께서 맺어주신 사람들과 세상과의 관계를 도미노처럼 연쇄적으로 무너뜨리게 합니다. 또한 그 죄로 인해 자신이 하나님의 형상이라는 정체성을 가지고 온전히 살 수 없게 됩니다. 죄가 사람에게서 나와서 자신뿐만 아니라 모든 관계를 더럽히게 된 것입니다. 이것인 죄의 파괴력입니다. 안타깝게도 하나님이 만드신 창조세계 곳곳에서 이러한 도미노 현상이 지금도 끊임없이 일어나고 있습니다.

3. 오늘날 사람들이 죄에 대해 별로 관심이 없거나 죄인이라는 말에 불쾌감을 느끼는 이유는 무엇일까요?

_____

_____

4. 하나님이 보시는 죄란 어떤 것일까요? 그것은 세속적인 죄의 개념과 어떻게 다릅니까?

_____

_____

5. 죄는 어떤 파괴력을 가지고 있습니까?

_____

_____

_____

_____

• 성경 속으로

6. 성경이 말하는 죄란 무엇입니까?

☞ 창 2:16-17 & 창 3:6

_____

_____

☞ 창 6:5-8

_____

_____

7. 성경은 죄로 인해 세상에 어떤 일들이 일어난다고 말합니까?

☞ 롬 1:22-23

_____

_____

☞ 롬 8:22

_____

_____

8. 성경은 우리로 하여금 죄를 짓도록 유혹하는 사단의 전략에 넘어지지 않도록 무엇을 지키라고 말합니까?

☞ 잠 4:23

_____

_____

_____

• 삶 속으로

9. 요즘 내가 하나님께 불순종하고 있는 것은 무엇일까요? 그것은 하나님과의
   관계를 포함한 모든 관계에 어떤 영향을 주고 있습니까?

   ----

10. 죄로 인해 생겨난 수많은 문제들과 아픔들 가운데 특히 나의 마음을 가장 아
    프게 하는 것은 무엇이 있을까요?

5과 | 해결자 예수 그리스도 따르기

• 마음 열기

1. 나에게 예수님이란 어떤 분이십니까?

_____

_____

2. 하나님께서 꼭 해결해 주시기를 바라는 (개인 또는 세상) 문제들은 어떤 것들이 있을까요?

_____

_____

• 『크리스천 씽킹』 속으로

예수님의 회복 프로젝트(118~119쪽)

한 영혼을 살리는 것에서 시작해 모든 만물을 회복시키는 데까지 나아가는 이 거대한 회복 프로젝트를 위해 예수님은 이 땅 가운데 오셨습니다. 그리고 그 사명의 바통을 그리스도의 제자인 우리에게 넘겨주셨습니다. 예수님을 통해 하나님은 자신의 창조 세계가 죄의 강력한 영향력 아래에 있음에도 불구하고 포기하지 않으셨고, 나아가 이 세상을 만드신 본래의 목적을 이루고자 하는 강력한 의지를 가지고 계심을 알 수 있습니다. 하나님은 독생자까지도 내어줄 만큼 자신이 만드신 세상과 사람을 사랑하십니다(요 3:16). 그리고 이 세상을 회복시키려는 하나님의 뜻과 예수 그리스도의 희생적인 사랑을 통해 죄로 말미암아 무너졌던 창조 세계가 다시 일으켜 세워지는 일들이 시작되었습니다.

3. 예수님이 이 땅에 오셔서 행하신 거대한 회복 프로젝트란 무엇입니까?

_____

_____

4. 죄의 강력한 영향력 아래에 있는 세상을 회복시키기 위해 예수님이 하신 일은 무엇입니까?

_____

_____

5. 하나님이 독생자 예수님까지도 내어 줄 만큼 세상을 회복시키려고 하신 이유는 무엇입니까?

_____

_____

• 성경 속으로

6. 성경이 이야기하는 이 세상의 두 가지 법칙은 무엇입니까?
☞ 롬 6:23

_____

_____

☞ 엡 1:7

_____

_____

7. 성경은 예수님께서 이 땅에 오신 두 가지 이유를 무엇이라고 말합니까?

☞ 눅 19:10

_____

_____

☞ 엡 1;10; 골 1:20

_____

_____

8. 예수님의 회복사역에 동참하는 제자의 사명은 무엇입니까?

☞ 마 22:37

_____

_____

☞ 마 22:39

_____

_____

☞ 롬 8:19-21

_____

_____

_____

• 삶 속으로

9. 예수님의 회복사역을 통해 꼭 해결되었으면 하는 나의 문제는 무엇입니까?

_____

_____

10. 예수님의 제자로서 회복을 위해 동참하고 싶은 문제나 영역은 무엇입니까?

_____

_____

6과 | 생각하는 그리스도인의 꿈

• 마음 열기

1. 나의 꿈은 무엇입니까?

_____

_____

2. 지금 내가 가지고 있는 꿈을 하나님은 어떻게 바라보고 계실까요?

_____

_____

• 『크리스천 씽킹』 속으로

하나님이 꿈꾸는 나라(148쪽)

하나님도 그것만 생각하면 가슴이 뛰는 꿈을 갖고 계실까요? 하나님의 꿈은 무엇일까요? 그것은 한마디로 하나님 나라에 대한 꿈이라고 할 수 있습니다. 하나님 나라란 하나님의 주권이 인정되는 나라입니다. 독도가 우리 땅이고, 대마도 일본 땅이고, 하와이가 미국 땅인 이유는 그곳이 본토와 떨어져 있지만 그 나라의 법이 통치하고 있기 때문입니다. 이처럼 하나님 나라란 교회와 가정과 같은 제한된 영역에만 해당되는 것이 아니라 하나님의 뜻이 선포되고 이루어지는 곳이라면 어디나 하나님 나라입니다. 하나님은 온 세상이 죄의 영향력에서 벗어나 하나님 나라가 이루어지길 꿈꾸고 계십니다. 하나님이 꿈꾸는 나라는 곧 평화와 기쁨이 가득한 세상입니다. 죄로 말미암아 깨어졌던 하나님과 이웃과 세상과의 관계들이 회복되어 샬롬이 가득한 세상입니다.

3. 하나님의 꿈은 무엇입니까?

_____

_____

4. 하나님 나라란 무엇입니까?

_____

_____

5. 하나님 나라가 이루어진 세상은 어떤 곳입니까?

_____

_____

• 성경 속으로

6. 성경이 묘사하는 하나님 나라는 어떤 곳입니까?

☞ 사 11:6-8

_____

_____

7. 예수님은 제자들이 하나님 나라를 위해 살도록 무엇을 명령하십니까?

☞ 마 28:19−20

_____

_____

8. 성경은 하나님 나라의 시작과 끝에 대해 뭐라고 말합니까?

☞ 계 22:12−13

_____

_____

• **삶 속으로**

9. 이 세상이 하나님의 뜻이 선포되고 이루어지는 하나님 나라가 되도록 하기 위
   해 하나님께 나의 꿈을 어떻게 내어드릴 수 있을까요?

_____

_____

10. 하나님 나라를 위한 나의 꿈을 이루기 위해 내가 준비해야 할 것은 무엇입니
    까?

_____

_____

7과 | 생각하는 그리스도인의 삶

• 마음 열기

1. 최근에 결심했지만 실천하지 못한 일은 무엇입니까?

_____

_____

2. 우리가 생각하고 결심한대로 살아보려고 노력하지만 종종 실패하는 이유는
   무엇이라고 생각합니까?

_____

_____

• 『크리스천 씽킹』 속으로

생각하는 그리스도인의 삶(184~185쪽)

우리에게는 하나님과의 대화를 방해하는 것들이 너무나 많습니다. 특히 마음
의 분주함은 주파수가 맞지 않아 지지직거리는 라디오처럼 기도를 통해 하나
님의 생각을 듣는 것을 방해합니다. 이를 위한 구체적인 해결 방법으로서 기
도 일기를 쓰는 것은 큰 도움이 됩니다. 하루를 마감하면서 하나님께 찬양과
감사를 드릴 일은 무엇인지, 하루 동안 고백하고 회개해야 할 나의 죄와 세상
의 문제들은 무엇인지, 그리고 예수 그리스도의 이름으로 간구하고 중보해야

할 기도들은 무엇인지를 적어보는 것입니다. 이것은 자신의 하루를 돌아보면서 삶을 점검하고 생각을 정리해 보는 시간이 될 것입니다.

또한 이것은 기도를 통해 크리스천 씽킹의 원리를 우리 마음에 새기고 실천하는데 큰 도움이 될 것입니다. 하루를 마감하면서 찬양과 감사의 기도를 드릴 때 하나님이 오늘 자신의 삶을 어떻게 인도하셨는지 생각해 보면서 하나님께 더욱 가까이 나아갈 수 있기 때문입니다. 고백과 회개의 기도를 올려 드릴수록 우리의 삶 속에서 죄를 인식하는 센스는 더욱 민감해질 것이고, 죄로 인해 생겨난 세상 문제들의 실상을 정확하게 이해하게 되어 애통하는 자의 마음을 가지게 될 것입니다. 간구와 중보기도를 하면서 예수 그리스도의 희생적인 사랑을 통해 죄의 영향권에 있던 창조 세계가 다시 회복됨을 확인하게 되며, 우리 역시 예수 그리스도의 회복 사역에 동참하는 제자의 삶을 살게 될 것입니다.

3. 하나님과 대화하며 하나님의 생각을 들을 수 있는 구체적인 방법 중 하나는 무엇입니까?

_____

_____

4. 기도일기에 들어갈 내용은 무엇입니까?

_____

_____

5. 기도일기를 쓰게 될 때 어떤 유익들이 있습니까?

_____

_____

_____

• 성경 속으로

6. 성경은 행함이 없는 믿음에 대해 어떻게 평가합니까?

☞ 약 2:17

_____

_____

7. 성경은 사람들의 생각과 성품을 알 수 있는 기준을 무엇이라고 말합니까?

☞ 마 7:16-20

_____

_____

8. 우리를 변화시켜 우리의 삶이 하나님이 기뻐하시는 열매가 되도록 돕는 분은 누구입니까?

☞ 갈 5:22-23

_____

_____

• 삶 속으로

9. 지금까지 하나님의 뜻을 알면서도 순종하지 못한 것들은 무엇입니까?

_____

_____

_____

_____

_____

10. 생각하고 결심한 것을 실천하는 그리스도인이 되기 위해서는 어떻게 해야
할까요?

_____

_____

_____

_____

_____

_____

8과 | 생각하는 그리스도인의 열매

• 마음 열기

1. "그 사람은 정말 그리스도인이다"라고 인정할 수 있는 주변 사람이나 신앙 인물은 누구입니까?

_____

_____

2. 그러한 그리스도인이 되기 위해 내가 도전받거나 배워야 할 점은 무엇입니까?

_____

_____

• 『크리스천 씽킹』 속으로

나 자신을 먼저 변화시킨다면(208~209쪽)

하나님 나라의 확장은 거창한 일을 시작하는 것이 아닙니다. 그것은 나 자신의 변화에서부터 시작됩니다. 따라서 우리가 할 수 있는 최선의 일은 세상과 사람들을 변화시키는 것이기 보다 자기 자신을 변화시키는 것입니다. 그리스도의 제자요 하나님의 일꾼으로 적합하도록 매일 자기 자신을 내어드리는 것입니다. 이를 통해 어떠한 열매들이 맺어질지 정확하게 알지 못합니다. 하지만 확신하는 것은 하나님께서 우리의 변화된 생각과 삶을 사용하셔서 사람들의 흐르는 눈물을 닦아주는 데, 그리고 피조물의 신음 소리를 멈추게 하는 데 사용하실 것입니다. 모든 변화의 출발이 자신의 생각과 삶에서 시작함을 아는 그리스도인들이 다시 오실 예수님을 기다리면서 각자의 부르심의 장소에서 하나님 영광과 이웃 사랑과 세상 돌봄을 실천하여 회복의 열매가 주렁주렁 맺히는 하나님 나라가 확장되어가길 간절히 소망합니다.

3. 하나님 나라의 확장을 위해 우리가 할 수 있는 최선은 무엇입니까?

_____

_____

4. 우리의 변화된 생각과 삶을 하나님은 무엇을 위해 사용하십니까?

_____

_____

5. 하나님 나라 확장을 위해 각자의 부르심의 장소에서 예수님의 제자들이 실천해야 할 세 가지 일은 무엇입니까?

_____

_____

• 성경 속으로

6. 창조주 하나님을 인정하고 영광 올려드리기 위해 우리가 따라야 할 명령은 무엇입니까?

☞ 창 1:28

_____

_____

7. 죄로 인해 파괴되어진 세상을 바라보며 애통하는 마음을 가지며 순종해야 하
   는 명령은 무엇입니까?

☞ 마 22:37-39

_____

_____

8. 이 세상의 슬픔과 고통의 근본적인 원인인 죄의 문제를 해결해 주신 예수님을
   따르는 제자로 살기 위해 우리가 따라야 할 명령은 무엇입니까?

☞ 마 28:18-20

_____

_____

• 삶 속으로

9. 하나님께서 말씀을 통해 우리에게 부여하신 세 가지 명령인 창조명령(창
   1:28), 대명령(마 22:37-39), 대위임령(마 28:18-20)에 순종하는 그리스도
   인이 되기 위해 내가 변화되어야 할 부분은 무엇입니까?

_____

_____

_____

_____

_____

10. 내가 소속된 공동체가 『크리스천 씽킹』대로 생각하고 살아가는 공동체가 되기 위해서는 어떻게 해야 할까요?

_____

_____

_____

_____

_____

_____

_____

_____

기독교 세계관으로 생각하고 살아가기
크리스천 씽킹 개정판

초판 1쇄 인쇄 2011년 12월 18일
개정 4쇄 발행 2021년 4월 15일

지은이 유경상
펴낸이 조현철
디자인 디자인 su:

펴낸곳 카리스
출판등록 2010년 10월 29일 제406-2010-000097호
주소 경기도 파주시 풍뎅이길 26-15, 2층
전화 031-943--9754
팩스 0502-020-9754
전자우편 karisbook@naver.com
총판 비전북 (031-907-3927)

값 13,000원   ISBN 978-89-967092-9-9   13230